\읽지 않아도 이해 쏙쏙!/

코 알 라 식

영어
뉘앙스

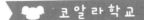
An Illustrated Book of English Nuances

도감

코 알 라 학 교

@KoalaEnglish180

# 머 리 말

여러분, 안녕하세요. 코알라학교의 교장 코아탄입니다. 저는 트위터나 인스타그램 같은 SNS를 통해서 영어를 재미있게 배울 수 있는 일러스트를 하루도 빠짐없이 올리고 있습니다. 특히 트위터는 큰 호평을 받고 있어 전송 게시물을 올리기 시작한 지 약 1년 만에 20만 명 이상이 팔로우했어요. 여러분, 정말 고맙습니다.

제가 원래 영어를 잘했던 건 아니었고 20살까지는 해외에 나가 본 적이 없었습니다. 대학생 때 첫 해외 경험이 되는 캐나다 유학에 도전했는데, 처음에는 마트 계산대 직원이 "How are you?"라고 인사하는 말조차도 이해하지 못해 무척 답답했습니다. 여러 비슷한 상황으로 인해 우울한 적이 있었지만 열심히 공부해서 지금은 영어 공부를 하며 호주에 있는 회사에서 일하고 있습니다.

유학 중에 아주 운이 좋았던 것은 훌륭한 영어 선생님을 만난 것입니다. 선생님은 칠판에 그린 귀여운 그림과 재미있는 제스처, 필요한 최소한의 영어만을 사용하여 학생들이 이해하기 어려운 영어의 뉘앙스를 알기 쉽게 가르쳐 주셨습니다. 선생님에게서 영어뿐만 아니라 시각적으로 표현하는 것의 중요성을 배워 지금도 다양한 국적의 사람들과 함께 일하는 데 많은 도움이 되고 있습니다. 제가 매일 올리는 콘텐츠도 그분에게서 배운 것이 바탕이 되었습니다.

원래 영어에 서툴렀던 저이기에 영어에 서툰 학습자의 마음을 잘 알고 있습니다. 이 책은 그런 학습자의 마음을 철저히 파고드는 것에 유념하여 쉽고 재미있게 만들었습니다. 어려운 설명을 읽지 않고도 한눈에 영단어의 미묘한 차이를 알 수 있다는 점이 이 책의 가장 큰 특징입니다. 일반적인 설명 위주로 된 학습서로는 도저히 공부를 지속하기 어려운 분도 두 페이지를 넘겨 보기만 해도 영어를 즐겁게 배울 수 있도록 구성했습니다.

영어를 마스터하면 여러분의 세상이 완전히 달라질 것입니다. 다양한 국적의 친구를 사귀거나 해외 음악이나 무대를 즐기거나, 세계를 무대로 일할 수 있는 기회 등 인생의 선택지가 늘어나 더 풍요롭고 즐거운 세상이 펼쳐질 것입니다. 자포자기하여 체념해 버린 분도, 그동안 번번이 좌절했던 분도 이 책을 계기로 다시 한번 영어에 도전해 보시기 바랍니다. 여러분도 저처럼 영어를 마스터할 수 있습니다!

코알라학교 교장 코아탄

Contents

제**1**장 명사

제2장 동사

제**3**장 조동사

제4장 형용사

제**5**장 부사

제6장 전치사·접속사

책 출간에 도움을 주신 분들

이 책으로 학생들과 수업을 진행하고, 검토 및 교재 관련 의견을 주신 정주헌 선생님

① 단어의 뉘앙스를 한눈에 알 수 있는 일러스트

제시된 단어의 뉘앙스에 대한 핵심을 간략하게 정리했다.

일러스트를 통해 각 단어가 지닌 미묘한 의미의 차이를 알 수 있다.

차이를 구분하기 어려운 표현은 그러데이션을 통해 보다 쉽게 이해할 수 있다.

③ 귀여운 캐릭터와 함께하는 영어 학습

코아탄
수컷 코알라

② 보기 쉽고 빠르게 이해 가능한 페이지 구성

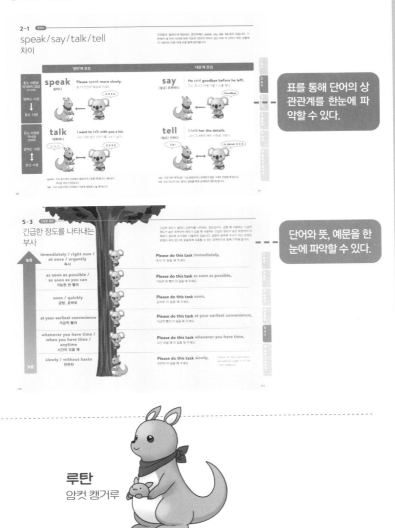

> 표를 통해 단어의 상관관계를 한눈에 파악할 수 있다.

> 단어와 뜻, 예문을 한눈에 파악할 수 있다.

루탄
암컷 캥거루

제 **1** 장

명사

명사는 '코알라'나 '말하기'처럼 문장의 주어로 사용할 수 있는 말입니다. 명사를 학습할 때 주의해야 할 두 가지가 있습니다. 첫 번째는 단수형·복수형에 관한 것이고, 두 번째는 셀 수 있는 명사(가산 명사)와 셀 수 없는 명사(불가산 명사)에 관한 것입니다. 셀 수 있는 명사 앞에는 관사(a(an), the)를 붙이는 경우가 많으므로 이번 장에서는 관사의 기본 개념에 관해서도 살펴보도록 합니다. 귀여운 일러스트와 예문으로 즐겁게 학습을 시작합시다!

음원 재생 및 다운로드

shop / store 차이

shop
제조와 가공도 하는 가게

- -

flower shop
꽃집

bike repair shop
자전거 수선소

barber shop
이발소

coffee shop
커피숍

- -

▶ 다른 예

sandwich shop 샌드위치 가게   **ice cream shop** 아이스크림 가게

shop은 '전문점', store는 '이미 제조된 다양한 상품을 판매하는 가게'라는 점에서도 구분됩니다.

영어로 '가게'를 말할 때 shop과 store는 혼동하여 사용하는 단어인데 원어민은 이 둘을 구분하여 사용합니다. 두 단어 사이에 어떤 미묘한 의미의 차이가 있는지 아래 일러스트를 통해 살펴봅니다.

store
상품을 판매만 하는 가게

bookstore
서점

department store
백화점

convenience store
편의점

liquor store
술 판매점

▶ 다른 예

variety store 잡화점   **drug store** 약국

shop과 store는 명사로 '가게'라는 뜻 외에 동사로도 쓰입니다. shop은 '물건을 사러 가다', '쇼핑 하러 가다', store는 '보관하다', '저장하다'라는 뜻입니다.

1 명사
2 동사
3 조동사
4 형용사
5 부사
6 전치사·접속사

house/home 차이

house

집, 주택
(건축된 건물로서의 집)

The koala is in the house.
코알라는 집 안에 있다.

house는 벽돌, 시멘트, 나무 등의 재료로 지어진 건물로서의 '집'입니다. in the house는 '집 안에 (서)'라는 뜻으로, 정관사 the가 붙음에 유의해야 합니다.

우리말의 '집'에 해당하는 영단어로는 house와 home 등이 있는데 원어민은 이 둘을 구분하여 사용합니다. 두 단어 사이의 미묘한 의미의 차이를 아래 일러스트와 예문을 통해 살펴봅니다.

home

집, 가정
(평소 생활하는 공간)

The koala is at home.
코알라는 집에 있다.

home은 자신이나 가족이 생활하는 공간으로서의 '집'입니다. home은 '집 안에(서)'라는 의미를 포함하고 있어 전치사 in을 사용하지 않고 at home으로 나타냅니다. 이때 정관사 the가 붙지 않음에 유의해야 합니다.

1 명사
2 동사
3 조동사
4 형용사
5 부사
6 전치사·접속사

present / gift 차이

present
감사·애정을 담은 선물
(개인적이고 격식을 차리지 않는)

I'm going to give her a present.
나는 그녀에게 선물을 줄 것이다.

예

birthday present 생일 선물
Christmas present 크리스마스 선물

birthday(Christmas) gift는 다소 딱딱한 느낌의 표현입니다.

생일 선물, 졸업 선물, 크리스마스 선물 등 우리말의 '선물'에 해당하는 영단어로는 present와 gift 등이 있습니다. 원어민이 선물을 표현할 때 이 둘을 어떻게 구분하여 사용하는지 아래 일러스트와 예문을 통해 살펴봅니다.

gift
가치가 높은 선물
(공식적이고 격식을 차린)

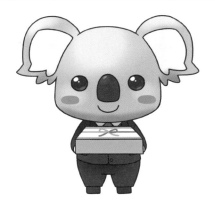

I gave my teacher a thank you gift.
나는 선생님께 감사 선물을 드렸다.

예

year-end gift 연말 선물
wedding gift 결혼 선물

gift는 '(천부적) 재능', '타고난 능력'이라는 뜻도 있습니다.

1 명사
2 동사
3 조동사
4 형용사
5 부사
6 전치사·접속사

game/match 차이

game
단체전 경기

---

baseball
야구

basketball
농구

American football
미식축구

ultimate
얼티미트(플라잉 디스크를 이용한 팀 스포츠)

다른 예

softball 소프트볼 **dodgeball** 피구 **lacrosse** 라크로스

game과 match는 기본 단어인데 이 둘을 구분하여 사용하는 것은 의외로 어렵습니다. 여기에서는 미국 영어에서의 두 단어의 차이를 소개합니다. 참고로 영국 영어에서는 미식축구 등 미국 기원의 경기는 game, 그 외 경기는 일반적으로 match를 사용합니다.

match
개인전 경기

tennis
테니스

table tennis
탁구

golf
골프

boxing
권투

1 명사

2 동사

3 조동사

4 형용사

5 부사

6 전치사·접속사

다른 예

judo 유도   **karate** 가라테   **sumo** 스모   **fencing** 펜싱

game은 '1점을 겨루는 스포츠 경기', match는 '복수의 세트로 승패를 가르는 스포츠 경기'라는 점에서도 구분됩니다.

reservation/ appointment 차이

reservation

자리 · 장소 예약

(방 · 좌석 · 표 등을 예약하는 경우)

---

restaurant
식당, 레스토랑

hotel
호텔

golf course
골프장

seat
좌석

I'd like to make a reservation for three people at 6 p.m.

저는 오후 6시에 3명을 예약하고 싶습니다.

우리말로 '예약'이라는 뜻의 reservation과 appointment는 무엇을 예약하는지 또는 누군가와의 약속을 예약하는지에 따라 구분하여 사용해야 합니다. 아래 일러스트를 통해 두 단어의 뉘앙스를 이해해 실제 대화에서 혼동하지 않고 사용해 봅니다.

appointment
사람과의 약속을 예약
(날짜·장소를 정하여 전문가·손님 등을 만나는 경우)

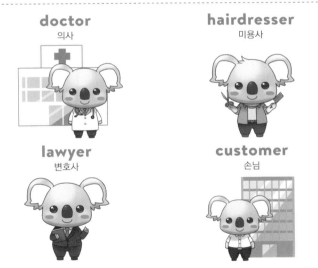

doctor
의사

hairdresser
미용사

lawyer
변호사

customer
손님

I scheduled a doctor's appointment at 2 p.m.
나는 오후 2시에 (의사와의) 진료 예약 일정을 잡았다.

1 명사
2 동사
3 조동사
4 형용사
5 부사
6 전치사·접속사

1-6 손님

손님을 나타내는 명사

customer
(쇼핑객·고객·관객 등 일반적인) 손님

The customer **is always right.**
손님은 왕이다.

guest
(초대받은) 손님

Here is the guest **list.**
여기 초대 손님 명단입니다.

visitor
방문객

We had visitors **from Australia yesterday.**
어제 호주에서 온 방문객들이 있다.

passenger
승객

Are the passengers **all on board?**
승객들은 모두 타셨나요?

audience
(영화·연극·콘서트 등의) 청중, 관객

A large audience **gathered in the hall.**
많은 관객들이 홀에 모였다.

spectator
(운동 경기 등의) 관중

The spectators **watched the soccer game from the stands.**
관중들은 관중석에서 축구 경기를 지켜봤다.

우리말로 '손님'은 고객, 승객, 여행객, 쇼핑객 등 다양한 말로 나타낼 수 있습니다. 영어에서도 다양한 단어로 '손님'을 나타냅니다. 먼저 customer, guest, visitor와 같은 기본 단어부터 확실히 알아봅니다.

tourist
관광객

Many tourists from every part of the world visit Seoul.
세계 각지에서 많은 관광객들이 서울을 방문한다.

client
(회계사·변호사 등의) 의뢰인, 고객

You should call the client now.
당신은 지금 고객에게 전화를 해야 합니다.

patient
환자

Dr. Koala has a lot of patients.
코알라 선생님은 환자들이 많다.

shopper
(가게·백화점·온라인 등의) 쇼핑객

Online shoppers account for more than 50% of Koala Company's sales.
온라인 쇼핑객들이 코알라 회사 매출의 절반 이상을 차지한다.

diner
(식당의) 식사 손님

There are many diners at the Koala Restaurant.
코알라 식당에는 식사 하는 손님들이 많다.

prospect
잠재 고객

Koala Company is reaching out to new prospects.
코알라 회사는 새로운 잠재 고객들을 확보하려고 하고 있다.

1 명사
2 동사
3 조동사
4 형용사
5 부사
6 전치사·접속사

1-7 요금

요금·비용을 나타내는 명사

fare
(교통 기관의) 운임

bus fare 버스 요금
train fare 기차 요금

admission
입장료

free admission 무료 입장
museum admission 박물관 입장료

fine
벌금

parking fine 불법 주정차 벌금
traffic fine 교통 위반 벌금

rate
(가스·수도 등의) 요금

utility rates 공공요금
telephone rates 전화 요금

지하철 요금, 공공요금, 통행료, 월세 등 일상적으로 지불하는 요금부터 가능하면 지불하고 싶지 않은 벌금까지 '요금'을 나타내는 다양한 단어를 소개합니다. 일상생활에서 자주 사용되는 fare와 rent는 잘 기억해 둡니다.

1
명
사

2
동
사

3
조
동
사

4
형
용
사

5
부
사

6
전
치
사
·
접
속
사

fee
수업료 · 수수료 등

school fees 수업료
lawyer's fees 변호사 수임료

rent
집세 · 임차료

ground rent 지대
two months' rent 두 달 치 집세

toll
통행료

toll bridge 통행료를 내는 다리
toll road 유료 도로

charge
사용료 · 수수료 · 봉사료 등

hotel charges 호텔 요금
service charges 수수료, 봉사료

원어민이 일상생활에서 자주 사용하는 자연스러운 형태의 표현을 위해 단수형·복수형이 혼재되어 있습니다.

1-8 복수형

명사의 불규칙 복수형

명사의 규칙 복수형 만드는 방법

❶ -s를 붙인다.

book 책 ► **books**

❷ -s, -ch, -sh, -x, -o로 끝나는 단어에는 -es를 붙인다.

class 수업 ► **classes**   **lens** 렌즈 ► **lenses**
dish 접시 ► **dishes**   **watch** 손목시계 ► **watches**

단, -o로 끝나는 단어에는 -s 또는 -es를 붙인다.
예: tomato → tomatoes (토마토), kangaroo → kangaroos (캥거루)

❸ 「자음 + -y」로 끝나는 단어는 y를 i로 바꾸고 -es를 붙인다.

library 도서관 ► **libraries**

단수형과 복수형이 같은 명사

carp
잉어

salmon
연어

sheep
양

deer
사슴

species
(생물학상의) 종

Japanese
일본인

craft
배, 선박

spacecraft
우주선

일반적으로 '셀 수 있는 명사의 복수형은 단수형에 -s를 붙여 만든다'는 규칙이 있지만
다른 규칙도 있어서 잘 알아 두어야 합니다. 여기에서는 자주 사용되는 명사를 엄선해
소개합니다.

명사의 불규칙 복수형

man ▶ men
남자

woman ▶ women
여자

child ▶ children
어린이

leaf ▶ leaves
(나뭇)잎

tooth ▶ teeth
치아

foot ▶ feet
발

goose ▶ geese
거위

mouse ▶ mice
생쥐

1 명사

2 동사

3 조동사

4 형용사

5 부사

6 전치사·접속사

항상 복수형으로 쓰이는 명사

clothes
옷

pajamas
잠옷

gloves
장갑

jeans
청바지

shorts
반바지

pants
바지

tights
타이츠

socks
양말

shoes
신발, 구두

glasses
안경

sunglasses
선글라스

binoculars
쌍안경

명사에는 하나밖에 없어도 복수형으로 쓰이는 단어가 있습니다. 칼날이 두 개 세트로 되어 있는 가위, 렌즈가 두 개인 선글라스 등 기본적으로 여러 개의 부분이 모여 하나의 사물을 이루는 명사는 복수형으로 쓰인다는 것을 기억해 둡니다.

1
명사

2
동사

3
조동사

4
형용사

5
부사

6
전치사·접속사

headphones
헤드폰

earphones
이어폰

goods
상품

scissors
가위

clippers
손톱깎이

tongs
집게

scales
저울, 체중계

greens
녹색 채소

lyrics
가사

archives
공문서, 기록 보관소

savings
저축

outskirts
교외

1-10 복수형

단수형과 복수형의 뜻이 다른 명사

단수형		복수형
arm 팔	→	**arms** 무기
day 하루, 요일	→	**days** 시대
glass 유리	→	**glasses** 안경
security 안전	→	**securities** 유가 증권
paper 종이	→	**papers** 서류
term 기간	→	**terms** 조건
work 일	→	**works** 작품
mean 평균	→	**means** 수단

명사 중에는 단수형과 복수형의 뜻이 완전히 다른 것이 있습니다. 여기에서는 그중 대표적인 명사를 소개합니다. glass / glasses, paper / papers 등과 같은 단·복수형은 일상생활에서 자주 사용되는 단어이므로 잘 기억해 둡니다.

wood → **woods**
나무   숲

look → **looks**
보기   외모

people → **peoples**
사람들   민족

custom → **customs**
습관, 관습   세관

manner → **manners**
방식   예의(범절)

force → **forces**
힘   군대

minute → **minutes**
분   회의록, 의사록

value → **values**
가격   가치관

1 명사

2 동사

3 조동사

4 형용사

5 부사

6 전치사·접속사

불가산 명사

손으로 잡을 수 없는 것 (액체·기체 등)	물체로서 존재하지 않는 것 (감정·개념 등)

water
물

gas
기체, 가스

happiness
행복

fear
공포, 두려움

wine
와인

steam
증기

time
시간

safety
안전

다른 예

coffee 커피

air 공기

oil 기름

다른 예

peace 평화

music 음악

life 일생, 인생

영어의 명사는 크게 셀 수 있는 가산 명사와 셀 수 없는 불가산 명사로 나뉩니다. 원칙적으로 대상의 일부를 잘라 내도 그 성질이 변하지 않는 명사가 불가산 명사입니다. 여기에서는 불가산 명사를 4가지로 분류하여 설명합니다.

1 명사
2 동사
3 조동사
4 형용사
5 부사
6 전치사·접속사

잘라도 성질이 변하지 않는 고체
(원료·음식 등)

사물의 종류
(한데 모아서 일컫는 총칭)

ice
얼음

cotton
솜

furniture
가구

money
돈

cheese
치즈

beef
쇠고기

clothing
옷

luggage
(여행자의) 수하물

다른 예

butter 버터
bread 빵
cake 케이크

다른 예

machinery 기계(류)
baggage (여행용) 수하물
equipment 장비, 설비

동사로 쓸 수도 있는 명사

house
집을 제공하다

bed
(어린이를) 재우다

people
사람들을 살게 하다

google
(구글에서) 검색하다

ship
수송하다

helicopter
헬리콥터로 운반하다

microwave
전자레인지로 조리하다

fire
해고하다

skin
껍질을 벗기다

model
모방하여 만들다

dress
옷을 입다

gas
기름을 넣다

일상 대화에서 flower, water, google 등과 같은 단어는 명사뿐 아니라 동사로도 자주 사용됩니다. 이때 동사의 뜻은 명사의 뜻과 관련된 경우가 많으므로 그 의미를 관련 지어 기억합니다.

1 명사

season
양념하다

salt
소금을 치다

elbow
(팔꿈치로) 밀치다

2 동사

toast
건배하다

map
지도를 만들다

water
물을 주다

3 조동사

bottle
병에 담다

ice
얼리다

nut
나무 열매를 찾다(줍다)

4 형용사

5 부사

e-mail
이메일을 보내다

text
문자를 보내다

address
연설하다

6 전치사·접속사

관사를 선택하는 기본 방법

S T A R T

특정 명사를 가리키는가?
또는
지금까지의 대화 또는 글에서 이미 언급한 단어인가?

YES

↓ NO

복수 명사 또는
불가산 명사인가? ——YES→ 긍정문인가?

YES

NO

↓ NO

모음 발음으로 시작하는가?

YES → **an**

An easy-going koala is climbing a tree.
한 느긋한 코알라가 나무에 올라가고 있다.

NO → **a**

A koala is climbing a tree.
한 코알라가 나무에 올라가고 있다.

관사(a / an, the)는 우리말에는 없는 개념으로, 명사 앞에서 뒤에 위치하는 명사가 어떤 것인지를 알려 주는 역할을 합니다. 여기에서는 질문 형식을 통해 관사 a와 an과 the 그리고 관사 대신에 명사 앞에 위치할 수 있는 some과 any를 선택하는 방법에 대해 살펴봅니다.

1 명사

2 동사

3 조동사

4 형용사

5 부사

6 전치사·접속사

the

The koalas over there are climbing trees.
저쪽에 있는 코알라들이 나무에 올라가고 있다.

some

Some koalas over there are climbing trees.
저쪽에 있는 몇 마리의 코알라들이 나무에 올라가고 있다.

any

There aren't any koalas climbing trees.
어떤 코알라도 나무에 올라가고 있지 않다.

some은 일반적으로 긍정문에 쓰이지만 권유나 요청을 하는 의문문에서도 쓰일 수 있습니다.

무관사로 쓸 수 있는 명사

work	**He goes to ~~the~~ work.** 그는 일하러 간다.	
class	**She went to ~~the~~ class.** 그녀는 수업을 들으러 갔다.	
TV	**We watch ~~the~~ TV.** 우리는 텔레비전을 본다.	
breakfast	**I had ~~a~~ breakfast.** 나는 아침을 먹었다.	
soccer	**I like ~~a~~ soccer.** 나는 축구를 좋아한다.	

원칙적으로 명사 앞에는 관사(a / an, the)를 붙이는데, 문맥에 따라서 관사를 붙이지 않는 명사가 있습니다. 특히 일상적인 동작을 나타내는 표현에서 명사가 무관사로 사용되므로 자신의 일상생활을 떠올리면서 학습해 봅니다.

1 명사
2 동사
3 조동사
4 형용사
5 부사
6 전치사·접속사

school

I go to the school.
나는 학교에 간다.

church

I went to the church.
나는 교회에 갔다.

bed

It's time for the bed.
잠잘 시간이다.

Australia
(나라 이름)

I live in the Australia.
나는 호주에 살고 있다.

English
(언어)

He speaks the English.
그는 영어를 말한다.

위에서 소개하는 명사가 특정 장소 또는 사물을 나타낼 때는 the를 붙일 수 있습니다. (→ 44~45쪽 참고)

관사의 유무에 따라 뜻이 달라지는 문장

관사 없음

시간

Do you have time?
시간 있어요?

The koala is behind time.
코알라는 지각했다.

장소

본래 목적

He went to college.
그는 (학생으로서 공부하기 위해) 대학에 갔다.

He went to prison.
그는 교도소에 수감되었다.

**사람
이름**

아는 사람

Mr. Koala stopped by to see you.
코알라 씨는 당신을 만나기 위해 들렀어요.

인원수

여러 명 중
누군가

Four of them came to the party.
그들 중 4명이 파티에 왔다.

They are sons **of Mr. Koala.**
그들은 코알라 씨의 아들들 중 몇 명이다.

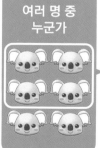

We met members **of the club
today.**
우리는 오늘 그 클럽 멤버들 중 몇 명을 만났다.

관사의 유무에 따라 비슷한 형태를 가진 문장의 의미가 크게 달라질 수 있습니다. 아래 예문을 통해 관사에 의해 뜻이 달라지는 표현을 학습합니다.

관사 있음

Do you have the time?
몇 시예요?

The koala is behind the times.
코알라는 시대에 뒤처졌다.

특정한 장소

He went to the college.
그는 (어떤 이유로 특정) 대학(이라는 장소)에 갔다.

He went to the prison.
그는 (어떤 이유로 특정) 교도소(라는 장소)에 갔다.

모르는 사람

A Mr. Koala stopped by to see you.
코알라 씨라는 분이 당신을 만나기 위해 들렀어요.

대상 전원

The four of them came to the party.
그들 4명 모두가 파티에 왔다.

They are the sons of Mr. Koala.
그들은 코알라 씨의 아들들이다.

We met the members of the club today.
우리는 오늘 클럽 멤버들을 다 만났다.

the other / another /
the others / others 차이

특정(the가 붙음)

the other = 나머지 하나

단수 (-s 가 붙지 않음)

one

└ **the other** ┘
다른 한 마리의 코알라

One koala is climbing a tree. The other is playing with the kangaroo.
코알라 한 마리가 나무에 올라가고 있다. 다른 한 마리의 코알라는 캥거루와 놀고 있다.

the others = 나머지 모두

복수 (-s 가 붙음)

one

— **the others** —
검은 코알라를 제외한 모든 코알라들

One koala is climbing a tree. The others are playing with the kangaroo.
코알라 한 마리가 나무에 올라가고 있다. 다른 모든 코알라들은 캥거루와 놀고 있다.

the other, another, the others, others는 철자와 뜻이 비슷해서 매우 혼동하여 사용하는 표현입니다. 중·고등학교에서 여러 번 학습하는 내용이지만 구분해서 사용하기 어려운 학습자를 위해 알기 쉽게 표로 정리했습니다.

불특정(the가 붙지 않음)

another = 또 다른 하나

one   └ another ┘

검은 코알라 이외의
어느 것이든 한 마리의 코알라

One koala is climbing a tree. Another is playing with the kangaroo.
코알라 한 마리가 나무에 올라가고 있다. 다른 코알라들 중 한 마리는 캥거루와 놀고 있다.

---

others = 다른 몇 개

one   └ others ┘

검은 코알라 이외의
몇 마리의 코알라들

One koala is climbing a tree. Others are playing with the kangaroo.
코알라 한 마리가 나무에 올라가고 있다. 다른 코알라들 중 몇몇 코알라들은 캥거루와 놀고 있다.

제 **2** 장

동사

동사는 주어의 동작('말하다' 등)이나 상태('좋아하다' 등)를 나타내는 말로, 영어를 말하고 쓰는데 중요한 품사입니다. 우리말 동사와 영어 동사는 일대일 대응이 어려워서 예를 들어 우리말로 '말하다'라는 하나의 동사라도, 영어에서는 speak, say, talk, tell 등의 동사를 뉘앙스에 따라 구분하여 사용해야 합니다. 이번 장에서는 기본 단어임에도 불구하고 구분해서 사용하기 어려운 단어나 구를 엄선하여 24개 항목으로 정리했습니다. 코알라와 함께 동사를 공략해 갑시다!

음원 재생 및 다운로드

2-1 말하다

speak/say/talk/tell 차이

'행위'에 중점

듣는 사람을 의식하지 않음 (한 방향)

말하는 사람

↓

듣는 사람

speak
말하다

Please speak more slowly.
좀 더 천천히 말씀해 주세요.

듣는 사람을 의식함 (양방향)

말하는 사람

↕

듣는 사람

talk
대화하다

I want to talk with you a lot.
나는 너와 많은 이야기를 나누고 싶어.

· speak : 주로 공식적인 자리에서 발표하거나 말할 때 씁니다. talk보다 격식을 차린 단어입니다.

· talk : 주로 비공식적인 자리에서 가볍게 대화를 나눌 때 씁니다.

우리말의 '말하다'에 해당하는 영단어에는 speak, say, talk, tell 등이 있습니다. 기본적인 네 단어 사이에 어떤 미묘한 의미의 차이가 있는지와 각 단어가 어떤 상황에서 사용되는지를 아래 표를 통해 알아봅니다.

1 명사

2 동사

3 조동사

4 형용사

5 부사

6 전치사·접속사

'내용'에 중점

say
(말로) 표현하다

He said goodbye before he left.
그는 떠나기 전에 작별 인사를 했다.

Goodbye

tell
(말로) 전하다

I told her the details.
나는 그녀에게 세부 사항을 전했다.

OK!

In detail, X X X

·say: 주로 아무 목적 없이 그냥 발음하거나 상대방의 말을 그대로 전달할 때 씁니다.
·tell: 주로 하고자 하는 말이나 정보를 특정 상대에게 전할 때 씁니다.

hear/listen 차이

hear
듣다, 들리다
(자연스럽게 들리는 소리를 듣다)

Did you hear a loud noise last night?
너는 어젯밤에 큰 소리를 들었니?

일반적으로는 저절로 귀에 들어온 소리를 들을 때 쓰이지만, 드물게 listen처럼 의식적으로 소리를 주의 깊게 들을 때 쓰이기도 합니다. 즉, hear는 귀로 소리를 듣는 행위 자체를 나타냅니다.

영어로 '듣다'를 말할 때 hear와 listen은 혼동하여 사용하는 단어인데 원어민은 이 둘을 구분하여 사용합니다. 두 단어 사이에 어떤 미묘한 의미의 차이가 있는지 아래 일러스트를 통해 알아봅니다.

listen
귀 기울여 듣다
(의식적으로 귀 기울여 듣다)

The koala enjoys listening to rock music.
코알라는 록 음악 듣는 것을 즐긴다.

「listen to + 듣는 대상」 형태로 씁니다. 다른 사람의 이야기를 들을 때는 「listen to + 사람」 형태로 씁니다.

1 명사

2 동사

3 조동사

4 형용사

5 부사

6 전치사·접속사

meet / see 차이

meet
누군가를 처음으로 만나다

Nice to meet you.
처음 뵙겠습니다.

meet에는 '소개되어 만나다'라는 뜻이 있어, I want you to meet my parents.(저는 당신이 제 부모님을 만났으면 좋겠어요.)와 같이 쓰이기도 합니다.

Nice to meet you.와 Nice to see you.는 자주 사용되는 기본 표현이지만 그 의미 차이를 명확하게 구분하지 못하여 종종 어색한 상황이 벌어지기도 합니다. 먼저 meet와 see의 쓰임부터 알아봅니다.

see
아는 사람을 만나다

Nice to see you.
(다시) 만나서 반갑습니다.

'아는 사람을 우연히 만나다'라는 뜻 외에 see a doctor(의사에게 진찰을 받다)와 같이 '의사나 변호사, 선생님 등에게 진찰이나 상담을 받기 위해 만나다'라는 뜻도 있습니다.

1 명사
2 동사
3 조동사
4 형용사
5 부사
6 전치사·접속사

2-4 가다

go/come 차이

go
듣는 사람으로부터 멀어져 가다

I'm going soon.
나는 곧 나갈게.

가족끼리 자주 주고받는 말입니다. 가까운 미래에 일어날 일은 현재진행형을 써서 나타낼 수 있습니다.

일반적으로 go는 '가다', come은 '오다'라는 뜻으로 알고 있는데 come은 상황에 따라 '가다'라는 의미가 됩니다. 즉, 우리말과 영단어가 일대일로 대응되지 않는 것입니다. 우리말의 '가다/오다'와 영어의 go/come 사이에 어떤 인식의 차이가 있는지 아래 일러스트를 통해 알아봅니다.

come
듣는 사람에게 다가가다

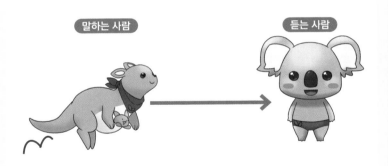

I'm coming soon.
나는 곧 갈게.

come은 '오다'가 아닌 특정 도착 지점에 '가다'라는 의미로도 쓰일 수 있습니다.

1 명사

2 동사

3 조동사

4 형용사

5 부사

6 전치사·접속사

study/learn 차이

study
지식·기술 등 몸에 익히는
'과정'을 나타내다

I studied English yesterday.
나는 어제 영어를 공부했다.

study의 어원은 '열중하다', '몰두하다'를 의미하는 라틴어로, 결과보다 학습하는 과정에 중점을 둔 것임을 알 수 있습니다.

I want to study English.와 I want to learn English. 중 어느 문장을 선택해도 문법적으로는 틀리지 않습니다. 하지만 두 문장이 전달하는 의미는 미묘하게 다릅니다. 아래 일러스트와 예문을 통해 study와 learn 사이의 차이점을 명확하게 구분해 봅니다.

learn
지식·기술 등 몸에 익힌 '결과'를 나타내다

I learned a new English word yesterday.
나는 어제 새로운 영어 단어를 배웠다(외웠다).

'지식을 얻다', '기술을 몸에 익히다'라는 배움의 결과에 중점을 둔 의미로 이해하도록 합니다. 문맥에 따라 '배우다', '암기하다', '알다', '깨닫다'로 해석될 수 있습니다.

1 명사

2 동사

3 조동사

4 형용사

5 부사

6 전치사·접속사

2-6 ~로 보이다

look / appear / seem 차이

단정

look
객관적으로
~로 보이다

appear
외관상으로
~로 보이다

seem
주관적으로
~로 보이다

불확실

우리말의 '~로 보이다'에 해당하는 영단어에는 look, appear, seem 등이 있습니다. 특히 look은 원어민이 격식을 차리지 않고 대화할 때 자주 사용하는 단어이므로 잘 파악해 둡니다.

The koala looks cute.
코알라는 귀여워 보인다.

말하는 사람이 용모, 모습, 행동 등의 시각 정보를 근거로 객관적으로 판단하여 말하는 느낌을 줍니다.

The koala appears to be rich.
코알라는 언뜻 보기에 부유해 보인다.

겉으로는 사실처럼 보이지만 실제로는 어떨지 모르겠다는 느낌을 줍니다.

The koala seems to have a lot of fun.
코알라는 매우 즐거워 보인다.

말하는 사람의 확실하지 않은 주관적인 판단을 공손하게 말하는 느낌을 줍니다.

1 명사

2 동사

3 조동사

4 형용사

5 부사

6 전치사·접속사

2-7 입다

wear / put on 차이

wear
입고 있다
(상태)

The koala is wearing a blue shirt.
코알라는 파란색 셔츠를 입고 있다.

wear는 '옷을 입고 있다', '모자를 쓰고 있다', '신발을 신고 있다'라는 뜻을 지닌 상태 동사입니다.
원칙적으로 상태 동사는 현재형으로 쓰지만 위의 문장처럼 일시적인 상황을 나타낼 때는 진행형
으로 쓸 수 있습니다.

많은 학습자가 wear와 put on은 둘 다 '입다'라는 뜻으로 알고 있는데 원어민은 wear는 '입고 있다', put on은 '입다'로 구분하여 사용합니다. 아래 일러스트를 통해 각 동사의 이미지를 먼저 파악해 봅니다.

put on
입다
(동작)

The koala is putting on a blue shirt.
코알라는 파란색 셔츠를 입고 있는 중이다.

put on은 '옷을 입다', '모자를 쓰다', '신발을 신다'라는 뜻을 지닌 동작 동사입니다.

1 명사

2 동사

3 조동사

4 형용사

5 부사

6 전치사·접속사

2-8 믿다
believe / trust 차이

believe
'이야기 내용'을 믿다

> **The train was delayed.**
> **That's why I'm late.**
> 열차가 지연되었어. 그래서 내가 늦었어.

I believe you.
나는 네 말을 믿어.

believe의 반대말은 doubt(의심하다)입니다. 원칙적으로 believe는 진행형으로 쓸 수 없다는 점도
기억해 둡니다.

'믿다'라는 뜻의 believe와 trust는 「believe + 사람」, 「trust + 사람」 어순으로 씁니다. 두 단어 사이의 미묘한 의미의 차이는 무엇을 믿느냐에 있습니다. 아래 대화를 통해 그 차이점을 알아봅니다.

trust
'그 사람 자체'를 믿다

**Will you tell me
your secret?**
네 비밀을 내게 말해 줄래?

Yes, I trust you.
응, 나는 너를 믿어.

사람 자체를 굳게 믿고 의지하여 '신뢰하다'라는 의미로 기억해 둡니다.

1 명사

2 동사

3 조동사

4 형용사

5 부사

6 전치사·접속사

push / press 차이

push
앞으로 미는 힘을 가하다
(밀어서 움직이다)

Please push the door to open it.
문을 밀어서 열어 주세요.

push의 반대말은 pull(당기다)입니다.

영어로 '누르다'를 말할 때 push와 press는 혼동하여 사용하는 단어인데 이 둘의 기본
의미에는 차이가 있습니다. 즉, push가 자신의 반대 방향으로 힘을 주면서 대상을
이동시키는 것이라면 press는 대상을 이동시키지 않고 눌러서 압력을 가하는 것입니다.
아래 일러스트를 통해 두 단어 사이의 차이점을 명확하게 구분합니다.

1 명사

2 동사

3 조동사

4 형용사

5 부사

6 전치사·접속사

press
압력을 가해서 밀어붙이다
(눌러도 움직이지 않다)

The koala pressed his ear against the door.
코알라는 문에 귀를 바짝 대었다.

'셔츠를 다리미로 다리다'는 press a shirt로 표현합니다.

check / confirm 차이

check

확인하다
(맞는지 틀린지 모르다)

I'll check my calendar to see when I'm available.
내가 언제 시간이 되는지 알아보기 위해 달력을 확인할게.

확인한 결과, 틀려도 check한 것이 됩니다.

check는 '확인하다'라는 뜻으로 가장 일반적으로 사용되는 기본 단어인데 confirm은 조금 어렵다고 생각할 수 있는 단어입니다. 난이도에 있어서 차이는 있지만 두 단어 모두 일상 대화나 비즈니스 상황에서 종종 사용되므로 그 차이점을 알아 두면 도움이 될 것입니다.

confirm
확인하다
(맞다는 것을 확실히 하다)

Please confirm the accuracy of this report.
이 보고가 정확한지 확인해 주세요.

확인한 결과, 틀린 것은 confirm한 것이 되지 않습니다.

선택하다

select / choose / pick 차이

중요한 선택

select
선택지 중에서
엄선하다

choose
자신의 판단에 따라
원하는 것을 선택하다

pick
깊이 생각하지 않고
선택하다

중요하지 않은 선택

우리말의 '선택하다'에 해당하는 영단어로는 select, choose, pick 등이 있습니다. choose는 가장 일반적으로 많이 사용되는 단어이며, select는 보다 격식을 차린 단어로, '선별하다', '선발하다'라는 의미에 가깝습니다. pick은 격식을 차리지 않고 일상적으로 많이 사용되는 단어입니다.

1
명
사

2
동
사

3
조
동
사

4
형
용
사

5
부
사

6
전
치
사
·
접
속
사

She selected a dress for her wedding.
그녀는 결혼식에 입을 드레스를 선택했다.

I chose the kangaroo to be my girlfriend.
나는 그 캥거루를 여자친구로 선택했다.

Please pick a number between 1 and 10.
1부터 10 중에 숫자 하나를 선택해 주세요.

2-12 보다

look / watch / see 차이

look

멈춰 있는 것을
의식적으로 보다

Look at the kangaroo.

캥거루를 봐.

watch

움직이는 것을
의식적으로 보다

**Watch the
kangaroo bounce!**

캥거루가 깡충깡충 뛰는 것을 봐!

I look at the kangaroo.와 I watch the kangaroo., I see the kangaroo.는 모두
문법적으로 정확한 문장이지만 전달하는 의미는 각각 미묘하게 다릅니다. 원어민처럼
자연스럽게 세 표현을 구분하여 사용하는 감각을 익혀 봅니다.

1 명사

2 동사

3 조동사

4 형용사

5 부사

6 전치사·접속사

see
저절로 눈에 들어오는
것을 보다

Do you see the kangaroo over there?
너는 저기에 있는 캥거루가 보이니?

look / watch / see 관계도

	의식적·능동적	무의식적·수동적
멈춰 있음	look	
움직이고 있음	watch	see

notice / realize / recognize 차이

notice

오감으로 알아차리다

realize

생각을 통해 깨닫다

recognize

보거나 들은 기억으로
알아보다

우리말의 '알다'에 해당하는 영단어로는 notice, realize, recognize 등이 있는데 이 책에서 다루는 단어 중 난이도가 조금 높은 편입니다. 세 단어 사이의 미묘한 의미의 차이를 바로 이해하지 못하더라도 조급해하지 말고 아래 예문을 여러 번 읽어 봅니다.

No one noticed me leave.
아무도 내가 떠나는 것을 알아차리지 못했다.

I noticed him in the back of the room.
나는 그가 방 뒤에 있는 것을 알아차렸다.

I realized I had made a mistake.
나는 실수했다는 것을 깨달았다.

I realized the risk involved in the project.
나는 그 계획에 관련된 위험을 깨달았다.

I didn't recognize anyone.
나는 아무도 알아보지 못했다.

I recognize his name, but I don't know what he looks like.
나는 그의 이름은 알지만 그가 어떻게 생겼는지는 모른다.

1 명사

2 동사

3 조동사

4 형용사

5 부사

6 전치사·접속사

2-14 가르치다

teach / tell / show
차이

teach

(학문 등을)
가르치다

tell

(정보 등을)
가르치다, 알려 주다

show

(그림·행동 등을 보여 주며)
가르치다

'가르치다'라는 의미로 일상 대화에서 자주 사용되는 teach, tell, show는 원어민이 아닌 학습자가 세 단어 사이의 미묘한 의미의 차이를 구분하여 사용하는 것은 다소 어렵습니다. 이번 학습에서는 그 차이점을 확실히 파악하여 실제 대화에 활용해 봅니다.

Can you teach me English?
제게 영어를 좀 가르쳐 주실 수 있나요?

The koala teaches art at a high school.
코알라는 고등학교에서 미술을 가르친다.

어떤 분야에 대해 잘 아는 사람이 전문적인 지식이나 학문을 체계적으로 '가르치는' 것입니다.

Can you tell me the way to the station?
역으로 가는 길을 알려 주실 수 있나요?

Can you tell me how to grow a eucalyptus tree?
유칼립투스 나무 키우는 방법을 알려 주실 수 있나요?

상대방이 모르는 정보를 말로 전달하여 '알려 주는' 것입니다.

Can you show me the way to the airport?
공항으로 가는 길을 가르쳐(안내해) 주실 수 있나요?

The koala showed me how to use chopsticks.
코알라는 내게 젓가락 사용법을 가르쳐(보여) 주었다.

말로 하는 것이 아닌 실제로 그 장소에 데려 가거나 지도를 그리는 등의 방법으로 '가르쳐 주는' 것입니다.

collect / gather / assemble 차이

collect

목적에 따라 같은 종류의
것을 골라 모으다

gather

여기저기 흩어진 것을
무작위로 모으다

assemble

하나로 합치다, 한데 모으다

사전에서 찾아 보면 모두 '모으다 / 모이다'라는 뜻이 나오는 영단어가 gather, collect, assemble입니다. gather는 기본 단어이고, collect는 collection(수집)이라는 단어를 떠올리면 이해가 쉬울 것입니다. 먼저 두 단어 사이의 차이점을 명확하게 구분한 다음 assemble을 알아보도록 합니다.

The kangaroo is collecting money.
캥거루는 돈을 모으고 있다.

My hobby is collecting koalas.
내 취미는 코알라 수집이다.

다소 격식을 차린 단어로, 대상이 사람일 때는 '어떤 목적을 위해서 모으다 / 모이다'라는 뜻입니다.

The family gathered around the Christmas tree.
가족은 크리스마스트리 주위에 모였다.

We have to gather information.
우리는 정보를 모아야 한다.

'모으다'를 뜻하는 가장 일반적인 단어로, 여러 곳에 흩어져 있는 대상을 한곳에 모으는 것입니다.

The koala assembled all the members.
코알라가 멤버들을 모두 소집했다.

Please assemble your friends.
당신 친구들을 모아 주세요.

체계적이고 조직적으로 모아서 하나로 만드는 것입니다.

데려가다 / 데려오다

take / bring / fetch
차이

take
데려가다

말하는 사람

bring
데려오다

말하는 사람

fetch
(가서)
데려오다

말하는 사람

영어로 '가져가다/가져오다'라고 말할 때 take와 bring은 혼동하여 사용하는 단어인데 원어민은 이 둘을 구분하여 사용합니다. 아래 일러스트를 통해 두 단어 사이의 차이점을 명확하게 구분한 다음 fetch를 학습하도록 합니다.

1 명사

2 동사

Take the koala over there.

코알라를 저쪽으로 데리고 가.

어떤 물건을 다른 곳으로 '가져가다'라고 할 때도 쓸 수 있습니다.

3 조동사

Bring the koala to me.

코알라를 내게 데리고 와.

어떤 물건을 자신이 있는 곳으로 '가져오다'라고 할 때도 쓸 수 있습니다.

4 형용사

5 부사

Fetch the koala.

(저기 가서) 코알라를 데리고 와.

go and get과 비슷한 표현입니다.

6 전치사·접속사

sleep / go to bed / fall asleep 차이

sleep
잠들어 있다
(상태)

go to bed
(자신의 의지로)
취침하다

fall asleep
잠이 들다

일상 대화에서 가장 빈번하게 사용되는 잠과 관련된 표현이 sleep, go to bed, fall asleep인데 원어민은 이 셋을 구분하여 사용합니다. 세 표현 사이에 어떤 미묘한 의미의 차이가 있는지 아래 일러스트와 문장을 통해 살펴봅니다.

How long did you sleep last night?
너는 어젯밤에 얼마나 잤니?

Koalas sleep for between 18 to 22 hours a day.
코알라는 하루에 18~22시간 정도 잔다.

sleep은 '잠들어 있는 상태'를 나타내므로 for ~ hours(~시간) 등과 같은 숫자 기간을 나타내는 어구가 이어질 때가 많습니다.

What time do you usually go to bed?
너는 보통 몇 시에 자니?

The koala went to bed early last night.
코알라는 어젯밤 일찍 잤다.

취침하는 시간을 알리는 가장 일반적인 표현입니다. go to bed는 관용구로, bed 앞에 a나 the를 붙이지 않습니다. (→ 43쪽 참고)

The koala fell asleep on the train.
코알라는 열차 안에서 잠들어 버렸다.

The kangaroo tried not to fall asleep.
캥거루는 잠들지 않으려고 노력했다.

여기에서 fall은 '갑자기 ~한 상태가 되다'라는 뜻으로, fall asleep은 '잠에 빠지다'라는 의미입니다.

1 명사

2 동사

3 조동사

4 형용사

5 부사

6 전치사·접속사

흐름으로 알 수 있는 일어나고·자는 동작

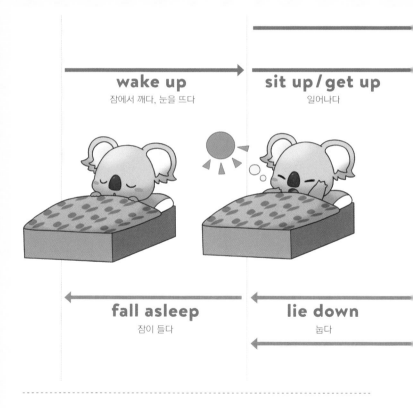

wake up
잠에서 깨다, 눈을 뜨다

sit up / get up
일어나다

fall asleep
잠이 들다

lie down
눕다

I woke up at 4 a.m. but stayed in bed until 7 a.m.
나는 새벽 4시에 잠에서 깼지만 아침 7시까지 침대에 있었다.

영어로 '일어나다'를 말할 때 wake up과 get up을 혼동하여 사용하는데 원어민은 이 둘을 구분하여 사용합니다. '누워 있다'와 '잠이 들다' 등도 각각 다른 표현을 사용합니다. '일어나다', '자다', '일어서다', '눕다' 등 헷갈리는 동작을 한눈에 알아볼 수 있도록 일러스트로 정리했습니다.

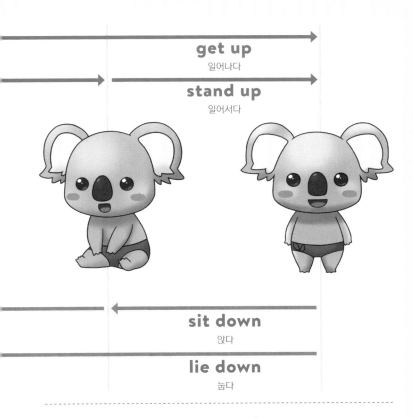

get up
일어나다

stand up
일어서다

sit down
앉다

lie down
눕다

I got up at 7 a.m. and had breakfast.
나는 아침 7시에 일어나서 아침을 먹었다.

만들다

make / build / create / produce 차이

make
만들다

make a cup of coffee
커피 한 잔을 만들다

make plans
계획을 세우다

make music
노래를 만들다

make jam
잼을 만들다

make a salad와 같이 불을 사용하지 않고 요리를 할 때도 쓸 수 있습니다.

build
시간을 들여 만들어 내다

build a house
집을 짓다

build a bridge
다리를 놓다

build trust
신뢰를 쌓다

build a railway
철도를 부설하다

집이나 빌딩 등의 건물을 짓거나 유대감이나 신뢰 등의 정신적인 것을 쌓을 때에도 쓸 수 있습니다.

우리말로 '만들다'를 의미하는 네 단어의 차이점을 설명합니다. 일상 대화에서 가장 자주 사용되는 기본 단어인 make부터 미묘한 차이를 파악한 다음 다른 단어도 정확하게 구사하여 표현력을 키워 봅니다.

1 명사

2 동사

3 조동사

4 형용사

5 부사

6 전치사·접속사

create
새로 만들어 내다

create a work of art
예술품을 창조하다

create a website
웹 사이트를 만들다

create a new word
새로운 말을 만들다

create a masterpiece
걸작을 창조하다

본래 '신이 창조하다'라는 뜻에서 '새로운 것을 만들어 내다', '창작하다'라는 뜻으로 확장되었습니다.

produce
소재에서 만들어 내다

produce salt
소금을 생산하다

produce wine
와인을 생산하다

produce music videos
뮤직 비디오를 제작하다

produce paper
종이를 생산하다

'생산하다', '제조하다'가 '만들다'를 의미할 때 쓸 수 있습니다. '영화나 연극을 제작하다' 등도 produce로 나타냅니다.

do/make 관용적 표현

do

일

do **a good job**   훌륭히 해내다

do **chores**   허드렛일하다, 집안일을 하다

do **housework**   집안일을 하다, 가사를 돌보다

do **homework**   숙제를 하다

**행위가
명확한 것**

do **hair**   머리를 손질하다

do **dishes**   설거지를 하다

do **laundry**   세탁하다

do **a handstand**   물구나무서기를 하다

부정 대명사

do **nothing**   아무것도 하지 않다

do **anything**   무엇이든 하다

do **something**   무언가를 하다(어떻게든 하다)

do **everything**   모든 것을 하다

「do/make+(대)명사」 형태로 일상에서 수행하는 여러 가지 동작을 나타냅니다. 특히 「do+행위가 명확한 것」과 「make+음식」은 일상생활에서 빈번하게 사용되므로 우선적으로 기억해 둡니다.

make

1 명사
2 동사
3 조동사
4 형용사
5 부사
6 전치사·접속사

음식		
	make **a cake**	케이크를 만들다
	make **dinner**	저녁을 만들다
	make **a cup of tea**	차 한 잔을 끓이다
	make **breakfast**	아침을 만들다

소리, 목소리		
	make **a noise**	소음을 내다(소리를 내다)
	make **a comment**	의견을 말하다(비평하다)
	make **a suggestion**	제안하다
	make **a speech**	연설하다(강연하다)

계획, 선택		
	make **plans**	계획을 세우다
	make **a choice**	선택하다
	make **arrangements**	준비해 놓다(마련해 놓다)
	make **a decision**	결정하다

~하게 하다

make / have / let / get 차이

make 사람 do
(강제로)
~하게 하다

have 사람 do
(쌍방이 당연하게 여기는)
~하게 하다

I'll make the koala do it at once.

나는 코알라에게 그것을 즉시 하라고 시킬 것이다.

강제성이 강한 표현으로, '억지로라도' 시키는 느낌을 줍니다.

I'll have the koala come early.

나는 코알라에게 일찍 오라고 할 것이다.

'상사가 부하 직원에게 무언가를 시키다'와 같이 양쪽 모두 그 행위가 당연하다고 생각하는 상황에서 쓰입니다.

다른 사람에게 어떤 행동이나 동작을 하도록 시키는 동사, 즉 '사람에게 ~하게 하다'
라는 의미의 동사 make, have, let, get을 사역 동사라고 합니다. 아래 예문을 통해
이 동사들 간의 미묘한 의미와 용법의 차이를 알아봅니다.

1 명사

2 동사

3 조동사

4 형용사

5 부사

6 전치사·접속사

let 사람 do
(아랫사람에게 허가하여)
~하게 하다

get 사람 to do
(설득·부탁하여)
~하게 하다

Let me explain my plan.
제 계획을 설명할 수 있게 해 주세요.

I got the koala to repair my bicycle.
나는 코알라에게 자전거를 고쳐 달라
고 했다.

아랫사람이 하고 싶어 하는 일을 허가하거나
허락하는 느낌을 줍니다.

'설득이나 부탁, 궁리를 해서 어떻게든 ~하게
하다'라는 느낌을 줍니다.

빌려주다 / 빌리다

lend / rent / borrow 차이

빌려주다

무료

lend
무료로 빌려주다

Shall I lend you an umbrella?
제가 우산을 빌려드릴까요?

유료

rent
유료로 빌려주다

I rent a room to a student.
나는 학생에게 방을 빌려주고 있다.

· lend : 주로 쉽게 운반할 수 있는 물건을 무료로 빌려줄 때 씁니다. 과거형과 과거분사형
　　　　모두 lent이고 rent와 혼동될 수 있으니 주의해야 합니다.
· rent : 땅이나 방, 집 등을 '임대하다'라는 뜻으로 쓰입니다.

lend, rent, borrow는 혼동하기 쉬운 단어이므로 주의를 해야 합니다. 특히 rent는 '빌려주다/빌리다' 두 가지 뜻이 있습니다. 주어가 누구냐에 따라 빌려주고/빌려오고가 되고, 돈이나 이자 등을 받느냐/받지 않느냐가 됩니다. '빌려주다/빌리다', '무료/유료'를 축으로 표로 정리된 내용을 머릿속에 잘 새겨 둡니다.

1 명사

2 동사

3 조동사

4 형용사

5 부사

6 전치사·접속사

빌리다

borrow
무료로 빌리다

Can I borrow your umbrella?
네 우산 좀 빌릴 수 있을까?

rent
유료로 빌리다

I rent a room from a kind landlord.
나는 친절한 집주인에게 방을 빌린 상태이다.

· borrow : 친구에게서 또는 도서관 등에서 단기간 무료로 빌릴 때 씁니다.
· rent : 유료로 빌릴 때에도 유료로 빌려주는 것과 같이 rent를 씁니다.

확신의 정도로 구분하는 '생각하다' 표현

I guess the koala's hungry.
코알라는 배가 고프지 않을까?

I suppose the koala's hungry.
코알라는 아마 배가 고플 거야.

억측 **guess** **suppose**

생각의 근거가 빈약하거나 없을 때도 쓸 수 있습니다.

이미 알고 있는 정보나 사실에 근거하여 '추측할' 때 쓸 수 있습니다.

확신의 정도란 '말하는 사람이 얼마나 그렇게 생각하고 있는지를 나타내는 정도'를 말하며, '생각하다'는 표현은 '아마 ~일 것이다'부터 '분명히 ~일 것이다'까지 확신의 정도가 다양합니다. 확신의 정도에 따라 단어를 구분하여 사용하면 자신의 생각을 보다 정확하게 전달할 수 있습니다.

1 명사

2 동사

3 조동사

4 형용사

5 부사

6 전치사·접속사

I think the koala's hungry.

코알라는 배가 고픈 것 같아.

I believe the koala's hungry.

코알라는 분명히 배가 고플 거야.

think   # believe   확신

우리말의 '생각하다'에 가장 가까운 단어입니다.

'꼭 그렇게 생각한다'와 같은 강한 확신을 나타내는 단어입니다.

좋아하다

마음의 정도로 구분하는 '좋아하다' 표현

I don't hate it.
나는 그게 싫지는 않아.

I like it.
나는 그게 좋아.

약함 **not hate** **like**

hate는 '아주 싫어하다'라는 뜻입니다. not hate는 like에 비해 좋아하는 정도가 매우 떨어집니다.

일상적인 대화에서 '좋아하다'라고 말하는 가장 일반적인 단어입니다.

'좋아하다'라는 표현은 '싫어하지 않다'부터 '엄청 좋아하다'까지 그 정도가 다양합니다.
긍정적인 감정을 자연스러운 영어로 생생하게 표현할 수 있도록 합니다.

1 명사

2 동사

3 조동사

4 형용사

5 부사

6 전치사·접속사

I love it.
나는 그게 매우 좋아.

I adore it.
나는 그게 엄청 좋아.

love   adore   강함

like보다 더 강한 의미로, '매우 좋아
하다'라는 뜻입니다. 종종 '마음에
든다'고 말하고 싶을 때 씁니다.

love보다 격식을 차린 단어로, '엄청
좋아하다'라는 뜻입니다.

우리말로 직역하면 틀리는 영어 동사

당신은 차이를 알 수 있나요?

Can you understand the difference?

Can you tell the difference?

제게 비밀번호를 가르쳐 주세요.

Please teach me the password.

Please tell me the password.

이 약을 하루에 세 번 드세요.

Drink this medicine three times a day.

Take this medicine three times a day.

저는 국 마시는 것을 좋아해요.

I like to drink soup.

I like to eat soup.

컵에 입을 대고 마시면 drink도 OK!

이 라디오는 작동하지 않아요.

This radio doesn't move.

This radio doesn't work.

샤워 후에는 몸의 물기를 닦으세요.

Wipe yourself off after a shower.

Dry yourself off after a shower.

한국인이 잘 틀리는 6가지 영어 표현

축하해!

Congratulation!   **Congratulations!**

너는 어떻게 생각하니?

How **do you think?**   What **do you think?**

아직 5시야.

It's still **five.**   It's only **five.**

너는 김치를 먹을 수 있니?

Can **you eat** *gimchi*?   Do **you eat** *gimchi*?

한국의 수도는 어디니?

Where **is the capital of Korea?**   What **is the capital of Korea?**

한국의 인구는 몇 명이니?

How many **is the population of Korea?**   What **is the population of Korea?**

수도의 이름이 아닌 위치를 물을 때는 where를 씁니다.

99

제 3 장

조동사

조동사는 본동사를 도와주는 동사로, 동사 앞에 위치하여 '가능', '의무', '허가', '요청/부탁' 등의 다양한 의미를 더해 줍니다. 조동사는 말하는 사람뿐 아니라 상대가 하고 싶은 말이나 의도, 뉘앙스까지 섬세하게 표현할 수 있도록 합니다. 이 장에서는 조동사의 기본 의미와 용법 그리고 비슷한 의미의 조동사를 구분하는 방법에 대해서 소개하겠습니다.

음원 재생 및 다운로드

3-1

조동사의 기본

will의 의미와 용법

의미	예문
미래 ~할 것이다 (≒ be going to)	**The koala will be twenty next year.** 코알라는 내년에 20살이 될 것이다. ➡ 114쪽
의지 ~할 작정이다 (≒ be going to)	**I will do my best in my new job.** 나는 새로운 일에 최선을 다할 작정이다.
추측 ~일 것이다	**He will be busy now.** 그는 지금 바쁠 것이다. ➡ 118쪽
요청·권유 ~해 주실래요?· ~하지 않겠나요?	**Will you marry me?** 저와 결혼해 주실래요? ➡ 123쪽
습관·습성 ~하곤 한다· ~하기 마련이다	**He will often go on a date with the kangaroo after dinner.** 그는 종종 저녁 식사 후에 캥거루와 데이트 하러 나가곤 한다.

would의 의미와 용법

의미	예문
과거의 강한 의지·거절 ~하려고 했다	**The luggage wouldn't fit in the trunk.** 그 짐은 트렁크에 들어가지를 않았다.
정중한 요청·권유 ~해 주시겠습니까?· ~하지 않겠습니까?	Would **you open the window?** 창문 좀 열어 주시겠어요? ➡ 122쪽
과거의 습관 ~하곤 했다	**We** would **chat for hours after dinner.** 우리는 저녁 식사 후에 몇 시간 동안 수다를 떨곤 했다.
가정법 (~한다면) ~할 것이다	**I** would **help you if I could.** 내가 할 수만 있다면 너를 도울 것이다.
추측 ~일 것이다	**The koala** would **be about to go out right now.** 코알라는 지금 막 외출하려고 할 것이다. ➡ 118쪽

would는 will의 과거형으로 쓰이기도 합니다.

can의 의미와 용법

의미	예문
능력·가능 ~할 수 있다 (≒ be able to)	**The koala can speak English.** 코알라는 영어를 말할 수 있다. ➡ 112쪽
가능성·추측 ~할 수 있다· ~할 가능성이 있다	**The koala can tell a lie.** 코알라는 거짓말을 할 가능성이 있다.
허가 ~해도 된다 (≒ may)	**You can enter the koala park** **if you have a ticket.** 너는 티켓을 가지고 있으면 코알라 공원에 들어가도 된다. ➡ 125쪽
요청 ~해 주실래요?	Can **you tell me how to get to** **the koala park?** 코알라 공원으로 가는 길을 알려 주실 수 있나요? ➡ 123쪽
명령 ~하세요	**You can tell me anything** **about koalas.** 코알라에 대해서 어떤 것이든 얘기해 주세요.

could의 의미와 용법

의미	예문
과거의 능력·가능 **~할 수 있었다** (≒ was[were] able to)	**The koala could speak English at the age of four.** 코알라는 네 살 때 영어를 말할 수 있었다.
가능성·추측 **~할 수도 있다**	**The koala could tell a lie.** 코알라가 거짓말을 할 수도 있다. ➡ 119쪽
허가 **~해도 된다**	**Could I come in?** 제가 들어가도 될까요? ➡ 125쪽
정중한 요청 **~해 주시겠습니까?**	**Could you tell me how to get to the koala park?** 코알라 공원으로 가는 길을 알려 주시겠습니까? ➡ 122쪽

could는 can의 과거형으로 쓰이기도 합니다.

1 명사
2 동사
3 조동사
4 형용사
5 부사
6 전치사·접속사

3-3

조동사의 기본

may의 의미와 용법

의미	예문
추측 ~일지도 모른다	**The koala may tell a lie.** 코알라가 거짓말을 할지도 모른다. ➡ 119쪽
허가 ~해도 된다 (≒ can)	**May I use the bathroom?** 제가 화장실 좀 써도 될까요? ➡ 124쪽
기원 바라건대 ~이기를 (빌다)	**May you have a happy Christmas!** 행복한 크리스마스 보내길 바라요!
양보 비록 ~일지라도	**Whatever they may say, I think you are a kangaroo.** 비록 그들이 무슨 말을 할지라도 나는 네가 캥거루라고 생각한다.

106

might의 의미와 용법

의미	예문
추측 어쩌면 ~일지도 모른다	**I** might **be spending a few weeks in Australia this summer.** 어쩌면 나는 이번 여름에 호주에서 몇 주를 보낼지도 모른다. ➡ 119쪽
허가 ~해도 된다	**Might I come in?** 제가 들어가도 될까요?

might는 may의 과거형으로 쓰이기도 합니다.

1 명사

2 동사

3 조동사

4 형용사

5 부사

6 전치사·접속사

must의 의미와 용법

의미	예문
추측 틀림없이 ~일 것이다, ~임에 틀림없다	**She must be his mother.** 그녀는 틀림없이 그의 어머니일 것이다. ➡ 118쪽
의무·필요 ~해야 한다· ~할 필요가 있다 (≒ have(has) to)	**I must climb the tree.** 나는 나무에 올라가야 한다. ➡ 116, 120쪽
금지 ~해서는 안 된다 (부정문)	**You must not drink beer on the beach.** 너는 해변에서 맥주를 마시면 안 된다.
강한 권유 꼭 ~해 주세요	**You must come and visit us.** 꼭 한 번 놀러 오세요.

should의 의미와 용법

의미	예문
의무·조언 ~해야 한다· ~하는 게 좋다	**You should call the koala at once.** 너는 즉시 코알라에게 전화를 해야 한다. ➡ 120쪽
추측 아마 ~일 것이다	**The koala should arrive at the park in half an hour.** 코알라는 30분이면 공원에 도착할 것이다. ➡ 118쪽
가능성이 낮은 가정 만약 ~한다면	**What would you do if I should die tomorrow?** 만약 내가 내일 죽는다면 너는 어떻게 할 거니?
놀람·반어 어떻게, 왜	**How should I know?** 내가 어떻게 알아? (= 몰라)

How should ~?는 '어떻게(왜) ~하겠어요?'라는 뜻으로, 자신의 어이없음을 나타내는 표현입니다.

shall의 의미와 용법

의미	예문
의지 반드시 ~할 것이다	**We shall never forget the victims of the earthquake.** 저희는 지진 희생자들을 결코 잊지 않겠습니다.
제안·요청 ~할까요?	**Shall I make some tea?** 제가 차 좀 끓일까요?
명령·금지 ~해야 한다· ~해서는 안 된다 (부정문)	**You shall not use the Koala logo without permission from the Koala Corporation.** 너는 코알라 회사의 허가 없이 코알라 로고를 사용해서는 안 된다.
놀람·반어 도대체	**Who shall be able to live without loved ones?** 사랑하는 사람 없이 도대체 누가 살 수 있겠는가? (=살 수 없다)

조동사의 의미 목록

	가능성·추측	의무·허가·조언	요청·권유·제안	기타
will	**추측** (~일 것이다)	–	**요청** (~해 주실래요?) **권유** (~하지 않겠나요?)	**미래**(~할 것이다) **의지**(~할 작정이다) **습관·습성** (~하곤 한다·~하기 마련이다)
would	**추측** (~일 것이다)	–	**정중한 요청** (~해 주시겠습니까?) **정중한 권유** (~하지 않겠습니까?)	**과거의 강한 의지·거절** (~하려고 했다) **과거의 습관**(~하곤 했다) **가정법**((~한다면) ~할 것이다)
can	**가능성·추측** (~할 수 있다· ~할 가능성이 있다)	**허가** (~해도 된다)	**요청** (~해 주실래요?)	**능력·가능**(~할 수 있다) **명령**(~하세요)
could	**가능성·추측** (~할 수도 있다)	**허가** (~해도 된다)	**정중한 요청** (~해 주시겠습니까?)	**과거의 능력·가능** (~할 수 있었다)
may	**추측** (~일지도 모른다)	**허가** (~해도 된다)	–	**기원**(바라건데 ~이기를 빌다) **양보**(비록 ~일지라도)
might	**추측** (어쩌면 ~일지도 모른다)	**허가** (~해도 된다)	–	–
must	**추측** (틀림없이 ~일 것 이다, ~임에 틀림 없다)	**의무** (~해야 한다) **필요** (~할 필요가 있다)	**강한 권유** (꼭 ~해 주세요)	**금지** (~해서는 안 된다(부정문))
should	**추측** (아마 ~일 것이다)	**의무** (~해야 한다) **조언** (~하는 게 좋다)	–	**가능성이 낮은 가정** (만약 ~한다면) **놀람·반어** (어떻게, 왜)
shall	–	–	**제안·요청** (~할까요?)	**의지**(반드시 ~할 것이다) **놀람·반어**(도대체) **명령·금지** (~해야 한다·~해서는 안 된다(부정문))

1 명사

2 동사

3 조동사

4 형용사

5 부사

6 전치사·접속사

각 조동사의 대표적인 의미에 강조 표시가 되어 있습니다.

3-6
~할 수 있다

can/be able to 차이

can

주어가 물건·장소 일 때	**This product can be microwaved.** 이 제품은 전자레인지로 조리할 수 있다.	
수동태와 함께 쓰일 때	**This item can be shipped worldwide.** 이 상품은 전 세계로 배송이 가능하다.	
오감을 나타낼 때	**Can you hear me?** 내 말이 들리니?	
현재 '~할 수 있다' 라고 말할 때	**Watch me!** **I can climb this tree!** 나를 봐! 나는 이 나무에 올라갈 수 있어!	

'~할 수 있다'는 능력과 가능한 일을 나타낼 때 can과 be able to는 혼동하여 사용하는 표현인데 상황에 따라 이 둘을 구분해서 사용해야 자연스러운 문장이 되는 경우가 많습니다. 이번 학습을 통해 두 표현의 쓰임과 뉘앙스의 차이를 명확하게 구분합니다.

be able to

다른 조동사와 함께 쓰일 때	**I will** be able to **go tomorrow.** 나는 내일 갈 수 있을 것이다.

완료형으로 쓰일 때	**I haven't** been able to **sleep much lately.** 나는 요즘 잠을 많이 못 잤다.

to 부정사 형태로 쓰일 때	**I want to** be able to **speak English.** 나는 영어로 말할 수 있기를 바란다.

과거에 '~할 수 있었다' 라고 말할 때	**I** was able to **walk all the way home.** 나는 집까지 내내 걸어 갈 수 있었다.

3-7 ~할 것이다

will / be going to 차이

과거

be going to
과거에 이미 결정된 미래

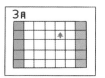

I am going to climb a tree next week!
나는 다음 주에 나무에 올라갈 예정
이야!

be going to는 말하는 시점 이전에 이미 결정된 미래의 계획을 나타낼 때 쓸 수 있는 표현입니다.
I'm going to study abroad in Australia.는 과거부터 이미 호주로 유학 가기로 계획한 상태라는
느낌을 줍니다.

will과 be going to 둘 다 '~할 것이다'라고 앞으로 일어날 일을 나타내며 동사의 원형이 뒤에 위치하는 점은 같지만 사실상 뉘앙스의 차이가 있어 원어민은 이 둘을 명확하게 구분하여 사용합니다. 아래 일러스트를 통해 그 차이점을 알아봅니다.

1 명사

2 동사

3 조동사

4 형용사

5 부사

6 전치사·접속사

말하는 시점   미래

will
즉흥적으로 결정된 미래

OK, I will climb the tree now.
좋아, 나는 이제 나무에 올라갈게.

will은 말하는 순간 즉흥적으로 결정한 일을 나타낼 때 쓸 수 있는 표현입니다. I'll study English.는 말하는 순간에 즉흥적으로 영어 공부를 하기로 결심한 느낌을 줍니다.

~해야 한다

must/have to 차이

		must ~해야 한다	
1인칭 주어	내부 요인	**I must go to the hospital.** 나는 병원에 가야 해. (몸 상태가 좋지 않을 때 등)	
2인칭 주어	명령	**You must attend the meeting.** 회의에 참석하세요. (상사가 부하 직원에게 지시하는 상황 등)	
부정문	금지 (must not)	**You mustn't climb the tree.** 너는 나무에 올라가서는 안 된다.	
과거형	존재하지 않음	의무를 나타내는 must의 과거형은 존재하지 않습니다. 대신에 「must have + 과거분사」 형태로 나타낼 수 있으며, 그 의미는 '~였음에 틀림없다'입니다.	

'~해야 한다'는 의무를 나타내는 must와 have to는 혼동하여 사용하는 표현인데 원어민은 이 둘을 구분하여 사용합니다. 두 표현 사이에 어떤 미묘한 의미의 차이가 있는지 아래 표를 참고하여 알아봅니다.

have to
~해야 한다

외부 요인	**I have to go to the hospital.** 나는 병원에 가야 해. (정기 건강 검진 등)	
유도	**You have to attend the meeting.** 회의에 참석해 주세요. (지원자들에게 설명하는 상황 등)	
불필요 (don't have to)	**You don't have to climb the tree.** 너는 나무에 올라갈 필요는 없다.	
과거의 의무 (had to)	**I had to go back to Sydney.** 나는 시드니로 돌아가야 했다.	

1 명사

2 동사

3 조동사

4 형용사

5 부사

6 전치사·접속사

3-9 가능성·추측

확신의 정도로 구분하는
가능성·추측 조동사

That is the koala.
그것은 코알라다.

That must be the koala.
그것은 틀림없이
코알라일 것이다.

That will/would be the koala.
그것은 코알라일 것이다.

That should be the koala.
그것은 아마 코알라일
것이다.

be (100%)	**must** (99%)	**will / would** (90%)	**should** (70%)

Who's at the door?
누가 문 앞에 있니?

조동사에는 '~일지도 모른다', '~임에 틀림없다'와 같이 어떤 일에 대한 가능성이나 추측을 나타내는 용법이 있으며, 조동사에 따라 확신의 정도가 다릅니다. 한눈에 알아볼 수 있도록 정리된 일러스트를 통해 각 조동사 사이의 차이점을 명확하게 구분해 봅니다.

**That may be
the koala.**
그것은 코알라일지도
모른다.

**That might be
the koala.**
그것은 어쩌면 코알라
일지도 모른다.

**That could be
the koala.**
그것은 코알라일 수도
있다.

**That is not
the koala.**
그것은 코알라가
아니다.

may
(50%)

might
(30%)

could
(20%)

not
(0%)

%(퍼센트)는 확신의 정도를 수치로 나타낸 것으로, 참고용이지
절대적인 것은 아닙니다.

1 명사

2 동사

3 조동사

4 형용사

5 부사

6 전치사·접속사

3-10 의무

강제의 정도로
구분하는 의무 표현

강

강제

must
~해야 한다

(경고성)
충고

had better
~하는 게 좋다

유도

have to
~해야 한다, ~하는 게 좋다

조언

should
~하는 게 좋다

약

'~해야 한다'와 같이 의무를 나타내는 표현에는 여러 가지가 있는데, 강제하는 정도에 따라 사용할 수 있는 표현이 달라집니다. 특히 had better는 윗사람이 아랫사람에게 또는 친한 친구에게 말할 때 사용하는 표현이므로 더욱 주의해야 합니다.

You must climb the tree.
너는 나무에 올라가라.

You had better climb the tree.
너는 나무에 올라가는 게 좋을 것이다.

You have to climb the tree.
너는 나무에 올라가면 좋을 것이다.

You should climb the tree.
너는 나무에 올라가는 게 어때?

1 명사

2 동사

3 조동사

4 형용사

5 부사

6 전치사·접속사

정중함의 정도로 구분하는 요청·부탁하는 표현

Could you take me to the airport?
저를 공항까지 데려다주실 수 있으십니까?

Would you take me to the airport?
저를 공항까지 데려다주시겠어요?

| 정중함 / 공손함 | could | would |

Could you ~?와 Would you ~?는 모두 공손한 표현으로, Could you ~?는 상대방이 요청이나 부탁을 들어줄 수 있는 능력이나 여건이 되는지를 묻는 표현입니다. Would you ~?는 상대방이 부탁을 들어줄 의지나 의향이 있는지를 묻는 표현입니다.

상대방에게 요청이나 부탁을 할 때는 정중함의 정도를 조절하여 말해야 합니다. 요청을 할 때는 요청하는 사람이나 요청하고 싶은 내용에 따라 표현을 구분하여 사용해야 합니다.

1 명사

2 동사

3 조동사

4 형용사

5 부사

6 전치사·접속사

Can you take me to the airport?
나를 공항까지 데려다줄 수 있니?

Will you take me to the airport?
나를 공항까지 데려다줄래?

can   will   친밀함

Will you ~?는 상대방에게 '~해 줄래?'라고 직설적으로 묻는 표현으로, 요청이나 부탁을 하는 상황에는 어울리지 않습니다. Can you ~?는 주로 친한 친구나 동료 사이에서 쓸 수 있는 표현입니다.

3-12 허가

정중함의 정도로 구분하는 허가를 구하는 표현

Would you mind if I climb the tree?
제가 나무에 올라가도 괜찮으실까요?

May I climb the tree?
제가 나무에 올라가도 될까요?

| 정중함/공손함 | **would you mind if** | **may** |

Would you mind if ~?는 '언짢아하다, 신경을 쓰다'라는 뜻의 동사 mind를 써서 '제가 ~해도 괜찮으실까요?'라고 정중하게 허가를 구하는 표현입니다.

상대방에게 무언가를 요청할 때 뿐만 아니라 허가를 구할 때에도 정중함의 범위가 있습니다. 특히 비즈니스 상황에서는 Would you mind if ~?나 Could I ~?를 의식하여 말하는 것이 좋습니다.

1 명사

2 동사

3 조동사

4 형용사

5 부사

6 전치사·접속사

Could I climb the tree?
제가 나무에 올라가도 될까요?

Can I climb the tree?
내가 나무에 올라가도 될까?

could　　　　**can**　　　친밀함

Can I ~?는 가까운 사이나 격식을 차리지 않아도 되는 상황에서 쓸 수 있는 표현이고, 크게 나누면, 나머지 셋은 정중하게 허가를 구하는 표현입니다. May와 Could가 지닌 정중함의 정도는 개인차가 있을 수 있습니다.

조동사를 사용한 정중한 말투

I want to go to Canada.
나는 캐나다에 가고 싶어.

▶

I would like to go to Canada.
저는 캐나다에 가고 싶습니다.

Please climb the tree.
나무에 올라가 줘.

▶

Could you climb the tree?
당신은 나무에 올라가 주실 수 있으십니까?

Can I call you?
내가 네게 전화해도 될까?

▶

Would you mind if I call you?
제가 당신에게 전화 드려도 괜찮으실까요?

Can I sit here?
내가 여기 앉아도 될까?

▶

May I sit here?
제가 여기에 앉아도 되겠습니까?

Where is the bathroom?
화장실은 어디에 있니?

▶

Could you tell me where the bathroom is?
화장실이 어디에 있는지 알려 주실 수 있으십니까?

격식을 갖추는 정도로 구분하는 '~하고 싶다' 표현

격식을 갖춤

would like to

I would like to **live in Australia.**
저는 호주에서 살고 싶습니다.

want to

I want to **live in Australia.**
나는 호주에서 살고 싶다.

wanna

I wanna **live in Australia.**
난 호주에서 살고 싶어.

격식을 갖추지 않음 (캐주얼함)

제 **4** 장

형용사

형용사는 명사를 수식하는 말로, 명사가 어떠한 상태나 특징을 가지는지 설명합니다. 예를 들어 a koala라는 명사를 cute(귀여운), little(작은)이라는 형용사로 수식함으로써 a cute little koala(작고 귀여운 코알라)로 나타내어 어떤 코알라인지를 자세하게 전달할 수 있습니다. 이번 장에서는 big / large 또는 happy / glad 등 의미가 비슷한 형용사를 중심으로 살펴보겠습니다.

음원 재생 및 다운로드

수와 양의 정도를 나타내는 형용사

가산명사	가산명사	가산명사
many koalas (a lot of koalas)	**some koalas**	**not many koalas**
많은	몇몇의, 약간의	그다지 많지 않은
much rain (a lot of rain)	**some rain**	**not much rain**
불가산 명사	불가산 명사	불가산 명사

어떤 명사의 수나 양이 많고 적음을 나타낼 때 사용하는 표현을 소개합니다. 명사가 가산 명사 또는 불가산 명사인지에 따라 사용하는 형용사가 달라지므로 주의해야 합니다. 아래 형용사 다음에 위치하는 명사의 형태로 알아 둡니다.

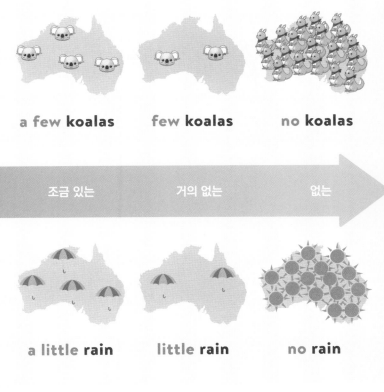

1 명사

2 동사

3 조동사

4 형용사

5 부사

6 전치사·접속사

일정한 형태가 있어 개수를 셀 수 있는 명사를 가산 명사라고 합니다. 액체나 기체 등 형태가 일정하지 않고, 수가 아닌 양으로 나타내는 것을 불가산 명사라고 합니다. (불가산 명사 → 36쪽 참고)

'빠른'을 나타내는 형용사

early
시간·시기가
빠른

The koala is an early riser.
코알라는 일찍 일어난다.

quick
순간적인
동작·행동이
매우 빠른

Thank you for your quick action.
당신의 신속한 조치에 감사드립니다.

swift
움직임이
거침없이 빠른

The koalas were swift to act.
코알라들은 신속하게 행동으로 옮겼다.

'빠른'에는 '시간이 빠른', '움직임이 빠른', '달리기가 빠른' 등 다양한 쓰임이 있습니다. 먼저 early, quick, fast 등과 같은 기본 단어의 분명한 쓰임과 뉘앙스부터 확실히 알아 봅니다.

speedy
동작·속도가
빠른

His work is speedy and accurate.
그의 일은 빠르고 정확하다.

rapid
변화가 빠른

He made rapid progress in English.
그는 영어가 빠르게 능숙해졌다.

fast
목적지에 가는
속도가 일정하게
빠른

The kangaroo is a fast runner.
캥거루는 빨리 달린다.

1 명사
2 동사
3 조동사
4 형용사
5 부사
6 전치사·접속사

추위와 더위를 나타내는 형용사

It's boiling.
몹시 덥다.

It's hot.
덥다.

It's warm.
따뜻하다.

It's cool.
시원하다.

It's chilly.
쌀쌀하다.

It's cold.
춥다.

It's freezing.
몹시 춥다.

날씨는 어느 나라에서든지 가장 많이 즐겨하는 대화 주제입니다. 그날의 날씨와 기온에 따라 아래 표현을 구분해서 사용하도록 합니다. 참고로 날씨를 표현할 때 사용하는 주어 It은 비인칭 주어로, '그것'이라고 해석하지 않습니다.

1 명사

2 동사

3 조동사

4 형용사

5 부사

6 전치사·접속사

It's boiling hot.으로 나타낼 수도 있습니다. 그 밖에도 It's scorching.은 타는 듯한 더위를 나타내는 표현입니다.

boiling은 '화가 나서 부글부글 끓는'이라는 뜻도 있습니다.

It's hot and humid.는 습도가 높은 더운 여름 날씨를 나타내는 표현입니다.

hot은 사람에 대해 '섹시한'이라고 표현할 수도 있습니다.

5월 정도의 기분 좋은 봄 날씨를 나타내는 표현입니다.

warm은 사람에 대해 '다정한, 따뜻한'이라고 표현할 수도 있습니다.

보통 시원하고 쾌적한 가을 무렵의 기후를 나타내는 표현입니다.

cool은 '멋진, 끝내주는, 근사한'이라는 뜻으로도 쓰입니다.

---

cool보다 주관적이며 말하는 사람이 본격적으로 추위를 느낄 수 있을 정도로 쌀쌀한 날씨를 나타내는 표현입니다.

사람의 태도를 표현할 때는 '냉담한'이라는 부정적인 의미가 됩니다.

---

chilly보다 추위가 심하여 겨울을 나타내기에 적절한 표현입니다.

사람의 성격이 '차가운', 태도가 '냉정한'으로 표현할 수도 있습니다.

It's freezing cold.로 나타낼 수도 있습니다. 원래 freeze는 '얼다'라는 뜻의 동사입니다. '얼어붙을 정도로 추운'이라는 비유적인 표현입니다.

사람의 태도가 '냉담한, 쌀쌀한'으로 표현할 수도 있습니다.

'좋은', '나쁜'을 나타내는 형용사

bad
나쁜, 좋지 않은

inferior
뒤떨어진, 열등한

awful
끔찍한, 지독한

appalling
소름이 끼치는, 형편없는

terrible
끔찍한, 심한, 지독한

dreadful
굉장히 무서운, 몹시 싫은

outrageous
너무나 충격적인

horrendous
참혹한, 끔찍한

atrocious
극악(무도)한

the worst
최악의

나쁨

좋고 나쁨을 나타내는 말은 상대방의 이야기를 듣고 반응을 하거나 누군가를 칭찬할 때 등 다양한 상황에서 사용할 수 있습니다. Good.이나 Bad. 대신 Amazing!, Awful! 등 감정을 담아 말해 봅니다.

the best
최고의

phenomenal
놀랄 만한, 경이로운

unbelievable
믿기 어려울 정도로 좋은

incredible
(너무 좋아서) 믿어지지 않을 정도인

amazing
놀라운, 경탄할 만한

excellent
훌륭한, 탁월한, 뛰어난

awesome
기막히게 좋은, 굉장한

wonderful
아주 멋진, 훌륭한, 경이로운

great
아주 좋은

good
좋은

좋음

1 명사

2 동사

3 조동사

4 형용사

5 부사

6 전치사·접속사

맛을 나타내는 형용사

sweet
단, 달콤한

sour
신, 시큼한

비슷한 뜻의 예

sugary
달콤한

luscious
달콤한, 감미로운

syrupy
시럽처럼 단

비슷한 뜻의 예

vinegary
(식초처럼) 신, 시큼한

tart
시큼한

tangy
톡 쏘는 맛이 나는

음식의 맛을 다양하게 표현할 수 있다면 식탁에서의 대화가 좀 더 활기를 띨 것입니다. 먼저 기본 단어인 sweet, sour, salty, hot을 학습하고 나서 어휘력을 점차 늘려 가는 것을 추천합니다.

1 명사

2 동사

3 조동사

4 형용사

5 부사

6 전치사·접속사

salty
짠, 짭짤한

hot
매운

비슷한 뜻의 예

savory
(맛이) 자극적인, 짠맛이 나는

briny
짠, 소금물 같은

brackish
짭짤한, 소금기가 있는

비슷한 뜻의 예

spicy
양념 맛이 강한, 매운

peppery
후추 맛이 나는, 얼얼하게 매운

pungent
톡 쏘는 듯한, 몹시 자극적인

그 외에 bitter(쓴), rich(깊은 맛이 나는, 맛이 풍부한) 등이 있습니다.

4-6 귀여운 / 예쁜

'귀여운', '예쁜'을 나타내는 형용사

아기, 강아지, 아기 코알라 등

cute
귀여운

The koala is so cute when he sleeps!
코알라는 잘 때 정말 귀엽다!

adorable
(≒ very cute)
아주 귀여운, 사랑스러운

She came in with an adorable koala.
그녀는 아주 귀여운 코알라와 함께 들어왔다.

우리말의 '귀여운'과 '예쁜'에 의미 차이가 있듯이 영어의 cute와 pretty에도 의미 차이가 있습니다. cute와 pretty를 강조하고 싶을 때 사용할 수 있는 표현도 꼭 기억해 둡니다.

여성, 밤하늘, 바다, 옷, 꽃 등

pretty
예쁜

She is tall and pretty.
그녀는 키가 크고 예쁘다.

beautiful
(≒ very pretty)
아주 예쁜, 아름다운

The sunset was beautiful.
일몰은 아름다웠다.

2 동사

3 조동사

4 형용사

5 부사

6 전치사·접속사

반대의 뜻을 지닌 형용사

active 능동적인 ⬌ **passive** 수동적인

concrete 구체적인 ⬌ **abstract** 추상적인

mature 성숙한 ⬌ **immature** 미성숙한

authentic 진짜의 ⬌ **fake** 가짜의

preceding 앞의, 이전의 ⬌ **subsequent** 뒤의, 후의

chronic 만성적인 ⬌ **acute** 급성의

fashionable 유행하는 ⬌ **outdated** 구식의

one-way 편도의 ⬌ **round-trip** 왕복의

반대말을 함께 암기하면 기억하기에도 좋을 뿐 아니라 단기간에 다양한 어휘를 익혀 여러분의 어휘력도 확장됩니다. 새로운 형용사를 익히면서 반대말도 꼭 알아보는 습관을 들여 봅니다.

professional 전문가의 ⟷ **amateur** 아마추어의

foreign 외국의 ⟷ **domestic** 국내의

public 공공의 ⟷ **private** 개인의

rough 거친 ⟷ **smooth** 매끄러운

true 사실의 ⟷ **false** 거짓의

urban 도시의 ⟷ **rural** 시골의

cheap 싼 ⟷ **expensive** 값비싼

deep 깊은 ⟷ **shallow** 얕은

1 명사
2 동사
3 조동사
4 형용사
5 부사
6 전치사·접속사

4-8 강조

더욱 강한 뜻을 지닌 형용사

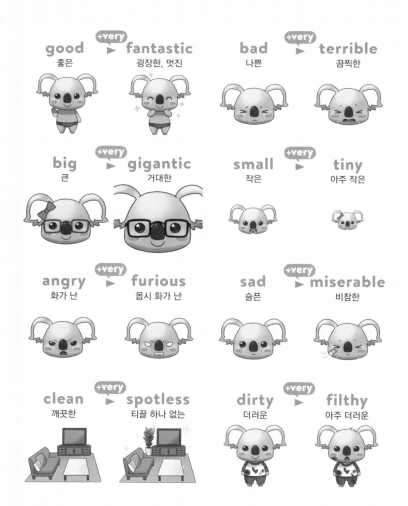

good 좋은 **+very** ▶ **fantastic** 굉장한, 멋진

bad 나쁜 **+very** ▶ **terrible** 끔찍한

big 큰 **+very** ▶ **gigantic** 거대한

small 작은 **+very** ▶ **tiny** 아주 작은

angry 화가 난 **+very** ▶ **furious** 몹시 화가 난

sad 슬픈 **+very** ▶ **miserable** 비참한

clean 깨끗한 **+very** ▶ **spotless** 티끌 하나 없는

dirty 더러운 **+very** ▶ **filthy** 아주 더러운

형용사를 강조할 때, 「very + 형용사」로 표현하기 쉬운데 단지 very를 붙이는 것이 아닌 더욱 강한 뜻을 지닌 형용사로 바꿔 주면 표현의 폭이 넓어집니다. 예를 들어 good은 단순히 '좋은'이라는 뜻인데 fantastic은 very good과 같은 의미가 되어 한 단어로 대체할 수 있습니다.

big / large 차이

big

주관적으로 큰
(나에게 큰)

This is a big T-shirt.
이것은 (나에게) 큰 티셔츠이다.

big은 '(크기가) 큰'이라는 뜻 이외에 '중요한'이라는 뜻도 있습니다.
· This is a big event! 이것은 대규모(중요한) 행사이다!
· This is a large event! 이것은 대규모 행사이다!

영어로 '(크기가) 큰'을 말할 때 big과 large는 혼동하여 사용하는 단어인데 원어민은
이 둘을 구분하여 사용합니다. 두 단어 사이에 어떤 미묘한 의미의 차이가 있는지 아래
예문을 통해 살펴봅니다.

large
객관적으로 큰
(일반적으로 볼 때 큰)

This is a large T-shirt.
이것은 큰 (사이즈의) 티셔츠이다.

'큰돈'은 a big amount of money보다 a large amount of money로 나타내는 것이 자연스럽습
니다. 단, big money에도 '큰돈'이라는 뜻이 있습니다.

1 명사
2 동사
3 조동사
4 형용사
5 부사
6 전치사·접속사

4-10 작은

small / little / tiny 차이

small
작은

little
작은 + 귀여운

tiny
작은 + 매우

영어로 '(크기가) 작은'을 말할 때 small과 little은 혼동하여 사용하는 단어인데 원어민은 이 둘을 구분하여 사용합니다. 두 단어 사이의 뉘앙스의 차이뿐 아니라 한 단계 위의 단어 tiny의 뉘앙스까지 알아봅니다.

I'm a **small** koala.

나는 작은 코알라이다.

객관적으로 크기가 '작은', 수와 양이 '적은'을 뜻하는 가장 일반적인 단어입니다.

I'm a **little** koala.

나는 작고 귀여운 코알라이다.

주관적인 판단으로 치수가 '작은', 양이 '적은'이라는 뜻뿐만 아니라 '중요성이 낮은', '사소한'이라는 뜻으로도 쓰입니다.

I'm a **tiny** koala.

나는 아주 작은 코알라이다.

very small의 의미로, 몸집이 '아주 작은' 사람이나 양이 '아주 적은'을 나타낼 때 씁니다.

1 명사

2 동사

3 조동사

4 형용사

5 부사

6 전치사·접속사

4-11 기쁜

happy/glad 차이

happy
행복과 만족감으로 채워진 기쁨

Do you remember those happy days?
너는 행복했던 나날을 기억하니?

자신이 바라는 것을 이루어 만족해 하는 마음을 나타냅니다. happy는 위의 문장처럼 지속적인 행복을 나타낼 때도, I'm happy about it.(나는 그것에 대해 기쁘다.)과 같이 일시적인 행복을 나타낼 때도 쓸 수 있습니다.

happy와 glad 모두 기본적으로는 '기쁜'이라는 의미이지만 미묘한 차이가 있습니다. 아래 예문을 통해 두 단어 사이의 차이점을 명확하게 구분하여 원어민과 같은 감각으로 자연스럽게 실제 대화에서 사용해 봅니다.

glad
안도하는 기쁨

The koala seems glad to see the kangaroo.
코알라는 캥거루를 만나서 기뻐 보인다.

sad(슬픈)의 반대말로서 '기쁜'을 나타내는 말입니다. glad는 지속적이거나 일시적인 행복 둘 다를 나타낼 수 있는 happy와는 달리 일시적인 기쁨만을 나타냅니다. 따라서 '행복한 생활'은 a glad life가 아닌 a happy life로 나타내야 합니다.

1 명사

2 동사

3 조동사

4 형용사

5 부사

6 전치사·접속사

넓은

wide / broad 차이

wide

끝에서 끝까지의 폭이 넓은
(한쪽에서 다른 한쪽까지의 범위가 명확한 것)

wide **street**	폭이 넓은 거리
wide **river**	폭이 넓은 강
wide **angle**	광각
wide **area**	넓은 지역

street, river 등은 wide와 broad 둘 다 쓸 수 있지만, broad street, broad river는 어디서부터 어디까지의 명확한 범위가 있는 것이 아닌 단순히 '폭이 넓은 거리', '폭이 넓은 강'이라는 뜻이 됩니다.

영어로 '(폭이) 넓은'을 말할 때 wide와 broad는 혼동하여 사용하는 단어인데 원어민은 이 둘을 구분하여 사용합니다. 아래 일러스트를 참고하여 두 단어 사이의 미묘한 의미의 차이를 알아봅니다. 참고로 '면적이 넓은'을 나타낼 때는 large를 사용합니다.

1 명사

2 동사

3 조동사

4 형용사

5 부사

6 전치사·접속사

broad
막힘 없이 폭이 넓은
(명확한 범위가 없는 것, 추상적·개념적인 것)

broad-minded   마음이 넓은

broad discussion   폭넓은 토론

broad perspective 넓은 시각

broad description 대략적인 묘사

broad는 broad shoulders(떡 벌어진 어깨, 든든한 어깨)처럼 쓰이기도 합니다.

4-13 올바른

right/correct 차이

right
도덕적·상식적으로 올바른
(정해진 답이 없는 것)

🐨 : **What do you think I should do?**
내가 어떻게 해야 할까?

🐨 : **There is more than one right answer to this question.**
이 질문에 대한 올바른 답(정답)은 하나가 아니야.

특히 도덕적·상식적·관습적으로 정해진 기준에 부합하는 '올바른' 것입니다.

right answer와 correct answer는 둘 다 '올바른 답'이라는 뜻의 표현입니다. 아래 예시 대화를 통해 두 표현 사이의 미묘한 차이점을 명확하게 구분합니다.

1 명사

2 동사

3 조동사

4 형용사

5 부사

6 전치사·접속사

correct

절대적으로 올바른
(정해진 답이 있는 것)

🐨 : **Can you solve this math problem?**
너는 이 수학 문제를 풀 수 있니?

🐨 : **Sure, I can show you how to get the correct answer!**
물론이야, 나는 네게 올바른 답(정답)을 구하는 방법을 알려 줄 수 있어!

correct는 '오류 없이 올바른'이라는 의미가 강합니다.

4-14

difficult/hard 차이

difficult
지식적·기술적으로 어려운

We passed a very difficult entrance exam.
우리는 아주 어려운 입학 시험에 합격했다.

대화에서뿐만 아니라 신문 등의 글에서도 쓰이는 다소 딱딱한 단어입니다.

영어로 '어려운'을 말할 때 difficult와 hard는 혼동하여 사용하는 단어인데 원어민은 이 둘을 구분하여 사용합니다. 두 단어 사이에 어떤 미묘한 의미의 차이가 있는지 아래 예문을 통해 알아봅니다.

hard
육체적·정신적으로 어려운

Climbing a tree is hard for me.
나무에 올라가는 것은 나에게 어렵다.

difficult에 비해 다소 캐주얼한, 일상 대화에서 자주 쓰이는 단어입니다.

1 명사

2 동사

3 조동사

4 형용사

5 부사

6 전치사·접속사

quiet / silent 차이

quiet
불필요한 소리가 나지 않는
(소리 크기가 작은 상태)

대화할 때는
조용히 이야기해
주세요

The koala is quiet.
코알라는 조용하다.

큰 소음은 없지만 약간의 소리가 나는 상태입니다.

사전에서 quiet와 silent를 찾아 보면 둘 다 '조용한'으로 뜻이 나옵니다. 아래 일러스트를 참고하여 두 단어 사이에 어떤 미묘한 의미의 차이가 있는지 알아봅니다.

silent
어떤 소리도 나지 않는
(소리 크기가 0인 상태)

The koala is silent.
코알라는 침묵하고 있다.

1 명사

2 동사

3 조동사

4 형용사

5 부사

6 전치사·접속사

sick/ill 차이

sick
몸 상태가 좋지 않은

The koala drank too much. He feels sick.
코알라는 술을 너무 많이 마셨다. 그는 몸 상태가 좋지 않다.

'나는 몸 상태가 좋지 않다.'는 I'm sick.으로 나타냅니다. sick은 영국 영어에서 '속이 메스꺼운, 토할 것 같은'의 뜻으로 쓰이지만 미국 영어에서는 해당 뜻으로 쓰이지 않습니다.

영어로 '아픈'을 말할 때 sick과 ill은 혼동하여 사용하는 단어인데 사실상 이 둘은 쓰임이 달라 구분해서 사용해야 합니다. 여기에서는 미국 영어에서의 뉘앙스 차이를 소개합니다.

1 명사

2 동사

3 조동사

4 형용사

5 부사

6 전치사·접속사

ill

중병의, 병이 든

The koala is ill with the flu.

코알라는 독감에 걸린 상태이다.

영국 영어에서는 I feel a little ill.(나는 조금 아프다./나는 몸 상태가 조금 좋지 않다.)과 같이 주로 sick 대신 ill로 '아픈'을 나타냅니다.

all / every / each 차이

all
모든
(전체를 하나의 덩어리로 나타내다)

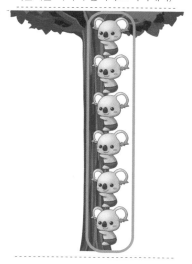

All koalas are climbing the tree.
모든 코알라가 나무에 올라가고 있다.

every
모든
(하나하나를 의식하면서 전체를 나타내다)

Every koala is climbing the tree.
모든 코알라가 나무에 올라가고 있다.

all, every, each를 '전부의', '모든', '각각의'와 같이 사전적 의미만 암기하면 각 단어의
이미지 파악이 어렵습니다. 아래 일러스트를 머리에 새겨 넣어 실제로 표현을 사용할
때 유용하게 활용해 봅니다.

1 명사

2 동사

3 조동사

4 형용사

5 부사

6 전치사·접속사

each
각각(의)
(하나하나를 강조하여 개별적인 것으로 나타내다)

Each koala is climbing a different tree.
각각의 코알라가 다른 나무에 올라가고 있다.

all은 복수 명사와, every와 each는 단수 명사와 함께 쓰입니다.

all / whole / entire 차이

all
(여럿을 가리키며)
모든

The koala made all (of) the cakes.
코알라는 이 모든 케이크를
만들었다.

whole
(하나를 가리키며)
통째로
전부의

The koala made the whole cake.
코알라는 케이크를 통째로
하나 만들었다.

entire
(하나를 가리키며)
빠짐없이
전부의

The koala made the entire cake.
코알라는 케이크를 빠짐없이
통째로 하나 만들었다.

여기에서는 '모든', '전부의'라는 뜻을 지닌 세 개의 형용사를 설명합니다. whole과 entire는 뉘앙스의 차이를 이해하기 조금 어렵지만 열심히 학습하여 파악해 봅니다.

The kangaroo ate all (of) the chicken.
캥거루는 그 모든 치킨을 다 먹었다.

여러 개를 통합하여 나타낼 때 씁니다. 「all + 명사」 형태에서 all은 형용사, 「all of + 명사」 형태에서 all은 대명사, of는 전치사입니다.

The kangaroo ate the whole chicken.
캥거루는 치킨을 통째로 전부 먹었다.

수량, 범위 등에 대해 그 전체를 나누지 않고 통합하여 나타낼 때 씁니다. 통째로라는 느낌을 줍니다.

The kangaroo ate the entire chicken.
캥거루는 치킨을 하나도 남기지 않고 전부 먹었다.

whole과 거의 같은 의미이지만 좀 더 격식을 차린 표현으로, 강조하는 정도가 강합니다. 처음부터 끝까지 빠진 것 없이 전부라는 느낌을 줍니다.

1 명사

2 동사

3 조동사

4 형용사

5 부사

6 전치사 · 접속사

여러 개의 형용사를 나열하는 순서

앞

감각

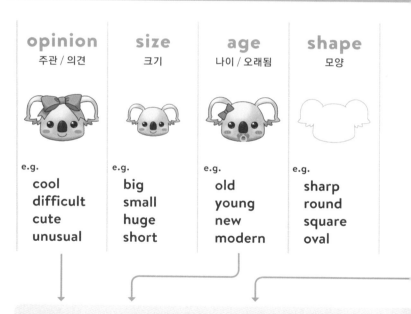

| opinion 주관 / 의견 | size 크기 | age 나이 / 오래됨 | shape 모양 |

e.g.
cool
difficult
cute
unusual

e.g.
big
small
huge
short

e.g.
old
young
new
modern

e.g.
sharp
round
square
oval

cute young Australian koala

「형용사＋명사」의 어순으로 형용사는 명사를 설명합니다. 이때 2개 이상의 형용사는 그 종류에 따라 순서대로, 즉 '주관적인 의견에서 객관적인 판단'으로 나열하여 씁니다. 엄격하게 정해진 법칙은 아니지만 많이 사용되어 굳어진 순서이므로 그 규칙에 따라 말하는 것이 일반적입니다. 아래 일러스트를 참고해 주세요.

뒤

사실

color	origin	material	purpose
색깔	출신	재료	목적

e.g.	e.g.	e.g.	e.g.
red	Australian	wooden	walking
blue	Thai	metallic	climbing
orange	Asian	paper	shopping
bright	American	cotton	running

귀엽고 어린 호주 출신의 코알라

 small blue bag 작은 파란색 가방
beautiful red rose 아름다운 붉은 장미

한국인이 틀리기 쉬운 형용사

세찬 비	**O** heavy **rain** **✕** **strong rain**	
청신호	**O** green **light** **✕** **blue light**	
검은 눈	**O** brown **eyes** **✕** **black eyes**	
오똑한 코	**O** long **nose** **✕** **high nose**	
지루한 영화	**O** boring **movie** **✕** **bored movie**	

혼잡한 거리	**O** busy **street** **✕** **crowded street**	
심한 통증	**O** bad **pain** **✕** **hard pain**	
딱딱한 어깨뼈	**O** stiff **shoulder blades** **✕** **hard shoulder blades**	
저렴한 임금	**O** meager **salary** **▲** **cheap salary** 완전히 틀린 것은 아니지만, 약간 부자연스럽습니다.	
많은 인구	**O** large **population** **✕** **many population**	

제 **5** 장

부사

부사는 동사나 형용사 등 명사 이외의 것을 수식하는 말로, 동작이나 상황이 구체적으로 어떻게 일어나는지를 설명합니다. 예를 들어 I had my lunch.에 quickly라는 부사를 넣어줌으로써 점심을 어떻게 먹었는지 더 자세히 전달해 줄 수 있습니다. 이 장은 비슷한 의미의 부사를 귀여운 일러스트와 함께 시각적으로 이해할 수 있도록 구성되어 있습니다.

음원 재생 및 다운로드

빈도를 나타내는 부사

100%	**always** 항상, 언제나	
90%	**usually** 보통, 대개	
80%	**frequently** 빈번히	
70%	**often** 자주	
50%	**sometimes** 때때로	
30%	**occasionally** 가끔	
10%	**seldom** 좀처럼 ~않는	
5%	**rarely** 드물게, 거의 ~하지 않는	
0%	**never** 절대 ~않다	

%(퍼센트)는 빈도를 수치로 나타낸 것으로, 참고용이지 절대적인 것은 아닙니다.

빈도는 같은 현상이나 일이 반복되는 횟수입니다. '항상', '때때로'와 같은 빈도를 나타내는 부사를 붙이면 구체적인 이미지가 떠오르는 표현이 됩니다. 일상 대화에서 자주 사용되는 표현이므로 잘 기억해 둡니다.

I always climb a tree.
나는 언제나 나무에 올라간다.

I usually climb a tree.
나는 보통 나무에 올라간다.

I frequently climb a tree.
나는 빈번히 나무에 올라간다.

I often climb a tree.
나는 자주 나무에 올라간다.

I sometimes climb a tree.
나는 때때로 나무에 올라간다.

I occasionally climb a tree.
나는 가끔 나무에 올라간다.

I seldom climb a tree.
나는 좀처럼 나무에 올라가지 않는다.

I rarely climb a tree.
나는 나무에 거의 올라가지 않는다.

I never climb a tree.
나는 절대 나무에 올라가지 않는다.

1 명사

2 동사

3 조동사

4 형용사

5 부사

6 전치사·접속사

확신의 정도를 나타내는 부사

상자 안에서 하나를 꺼내면 빨간 코알라가 나올까요?

definitely	**probably**	**maybe**
분명히, 틀림없이	아마	어쩌면, 아마
(100%)	(80%)	(50%)

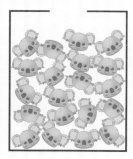 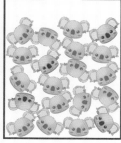

I'll definitely get a red koala.

나는 틀림없이 빨간 코알라를 획득할 것이다.

I'll probably get a red koala.

아마 나는 빨간 코알라를 획득할 것이다.

Maybe I'll get a red koala.

어쩌면 나는 빨간 코알라를 획득할 것이다.

확신의 정도는 말하는 사람이 얼마나 굳게 믿고 있는지를 나타내는 정도입니다. 여기에서 소개하는 부사를 사용하여 자신이 확신하는 정도를 쉽게 전달할 수 있습니다. Definitely.(틀림없이 그래.), Maybe.(아마 그럴 거야.) 등은 대답할 때도 사용할 수 있는 표현입니다.

1 명사

2 동사

3 조동사

4 형용사

5 부사

6 전치사·접속사

perhaps
어쩌면, 아마
(30%)

possibly
어쩌면, 혹시
(20%)

never
절대 ~아니다
(0%)

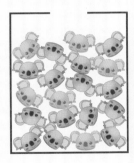

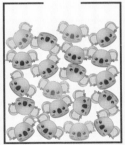

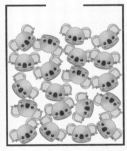

Perhaps I'll get a red koala.

나는 어쩌면 빨간 코알라를 획득할 지도 모른다.

Possibly I'll get a red koala.

나는 혹시나 빨간 코알라를 획득할 지도 모른다.

I'll never get a red koala.

나는 절대 빨간 코알라는 획득하지 못할 것이다.

maybe, perhaps, possibly는 주로 문장 앞에 위치합니다. 다른 표현은 위의 문장처럼 「will+부사+동사」의 어순으로 쓰입니다.

%(퍼센트)는 확신의 정도를 수치로 나타낸 것으로, 참고용이지 절대적인 것은 아닙니다.

5-3 긴급한 정도

긴급한 정도를 나타내는 부사

높음

immediately / right now /
at once / urgently
즉시

as soon as possible /
as soon as you can
가능한 한 빨리

soon / quickly
금방, 곧바로

at your earliest convenience
가급적 빨리

whenever you have time /
when you have time /
anytime
시간이 있을 때

slowly / without haste
천천히

낮음

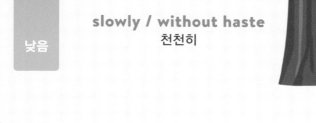

긴급한 정도는 얼마나 급한지를 나타내는 정도입니다. 급할 때 사용하는 긴급한 정도가 높은 표현부터 여유가 있을 때 사용하는 긴급한 정도가 낮은 표현까지 이해하기 쉽도록 순서대로 나열되어 있습니다. 엄밀히 말하면 부사가 아닌 표현도 포함이 되어 있는데, 동일하게 사용할 수 있는 표현이므로 함께 기억해 둡니다.

Please do this task immediately.
즉시 이 일을 해 주세요.

Please do this task as soon as possible.
가능한 한 빨리 이 일을 해 주세요.

Please do this task soon.
곧바로 이 일을 해 주세요.

Please do this task at your earliest convenience.
가급적 빨리 이 일을 해 주세요.

Please do this task whenever you have time.
시간 있을 때 이 일을 해 주세요.

Please do this task slowly.
천천히 이 일을 해 주세요.

Please do this task slowly and without haste.가 더 자연스러운 표현입니다.

1 명사
2 동사
3 조동사
4 형용사
5 부사
6 전치사·접속사

5-4 정도

정도를 나타내는 부사

강

too
너무 (~한)

absolutely
굉장히

really
정말로

so
몹시, 매우, 대단히

very
매우

quite
상당히, 꽤

pretty
제법, 꽤

a little
조금, 약간

barely
간신히, 거의 ~않다

약

hardly
전혀 ~아니다

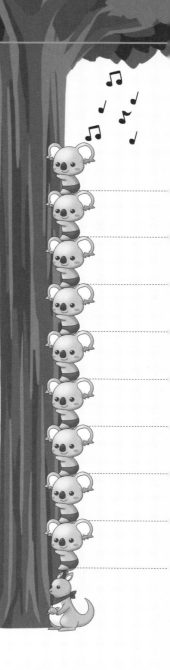

정도는 사물의 성질이 어느 수준인지를 나타내는 것입니다. 정도를 나타내는 표현은 다양하지만, 여기에서는 '음악이 시끄럽다'라고 말할 때의 정도를 나타내는 표현을 통해 알아봅니다.

This music is too loud.
이 음악은 너무 시끄럽다.

This music is absolutely loud.
이 음악은 굉장히 시끄럽다.

This music is really loud.
이 음악은 정말 시끄럽다.

This music is so loud.
이 음악은 몹시 시끄럽다.

This music is very loud.
이 음악은 매우 시끄럽다.

This music is quite loud.
이 음악은 꽤 시끄럽다.

This music is pretty loud.
이 음악은 제법 시끄럽다.

This music is a little loud.
이 음악은 약간 시끄럽다.

This music is barely audible.
이 음악은 거의 들리지 않는다.

This music is hardly audible.
이 음악은 전혀 들리지 않는다.

1 명사

2 동사

3 조동사

4 형용사

5 부사

6 전치사·접속사

거리를 나타내는 부사

The koala is here in the tree.
코알라는 여기 나무에 있다.

The kangaroo is next to the tree.
캥거루는 나무 옆에 있다.

가까운

here
여기에

next to
옆에

'여기에', '가까이에'와 같은 거리를 나타내는 표현을 잘 사용한다면 이야기가 좀 더 구체적이고 쉽게 전달될 수 있을 것입니다. 먼저 기본 단어인 here와 there부터 그 의미를 파악해 봅니다.

1 명사

2 동사

3 조동사

4 형용사

5 부사

6 전치사·접속사

The kangaroo is near the tree.
캥거루는 나무 근처에 있다.

The kangaroo is over there.
캥거루는 저기에 있다.

The kangaroo is far from the tree.
캥거루는 나무에서 멀리 떨어져 있다.

near
가까이에, 근처에

there
거기에, 저기에

far 먼
멀리, 멀리 떨어져

here, there, far는 부사이지만 next to와 near는 전치사입니다.

5-6

순서를 나타내는 부사

first **second** **then**
첫 번째로 두 번째로 그 다음에, 그리고 나서

Today's topic is about Australia's wildlife.
오늘의 주제는 호주의 야생동물에 관한 것입니다.

First, I'll talk about kangaroos.
첫 번째로 저는 캥거루에 대해 이야기하겠습니다.

Second, I'll talk about koalas.
두 번째로 저는 코알라에 대해 이야기하겠습니다.

Then, I'll talk about the Australian outback.
그리고 나서 저는 호주의 오지에 대해 이야기하겠습니다.

프레젠테이션을 할 때 뿐만 아니라 일상 대화에서 어떤 주제에 대해 순서대로 설명을 해야 하는 때가 있습니다. 이때 문장 맨 앞에 '순서를 나타내는 부사'를 넣는 것만으로도 이야기의 구성이 쉽게 전달됩니다. 덧붙여 순서를 나타내는 부사 중 second는 일상 대화가 아닌 프레젠테이션에서 자주 쓰이는 단어입니다.

1 명사

2 동사

3 조동사

4 형용사

5 부사

6 전치사·접속사

next **after that** **finally**
그 다음에, 다음으로 그 후에 마지막으로

Next, I'll talk about the climate in Australia.
그 다음에 저는 호주의 기후에 대해 이야기하겠습니다.

After that, I'll talk about koalas and kangaroos in zoos around the world.
그 후에 저는 전 세계 동물원에 있는 코알라와 캥거루에 대해 이야기하겠습니다.

Finally, I'll talk about why koalas love kangaroos.
마지막으로 저는 왜 코알라가 캥거루를 좋아하는지에 대해 이야기하겠습니다.

또한

also/too/as well 차이

		정중한 정도

also

보통

영국 영어에서는 too, as well에
비해 다소 딱딱한 단어입니다.

too

보통

as well

약간 격식을 갖춤

영국 영어에서는 too와 같이 일
반적으로 쓰이는 단어입니다.

'또한', '~도'의 뜻을 지닌 also, too, as well은 문장 안에서의 위치와 정중한 정도에 따라 명확하게 구분되는 차이점이 있습니다. 아래 표를 통해 그 차이를 알아봅니다.

어순	예문
주로 **문장 앞·중간에** 위치	**I like playing with the kangaroo, and I also like climbing trees.** 나는 캥거루와 노는 것을 좋아하고 나무에 올라가는 것도 좋아한다.
주로 **문장 끝에** 위치	**I like playing with the kangaroo, and I like climbing trees too.** 나는 캥거루와 노는 것을 좋아하고 나무에 올라가는 것도 좋아한다.
주로 **문장 끝에** 위치	**I like playing with the kangaroo, and I like climbing trees as well.** 저는 캥거루와 노는 것을 좋아하고 나무에 올라가는 것도 좋아합니다.

1 명사
2 동사
3 조동사
4 형용사
5 부사
6 전치사·접속사

so/very/such 차이

		정중한 정도

so

아주 캐주얼함

very

보통

such

보통 ~ 격식을 갖춤

so, very, such는 뒤에 오는 말을 더욱 강하게 강조하는 단어로 '매우'라는 의미는 같아도 용법은 상당히 다릅니다. 특히 각 단어 뒤에 어떤 품사가 오는지에 주의해야 합니다. such는 형용사인데 so, very와 종종 비교되므로 여기에서 함께 학습하도록 합니다.

용법	예문
뒤에 명사를 취하지 않음 **so** + 형용사 또는 부사	**This koala is so cute.** 이 코알라는 정말 귀여워. **They sing so well.** 그들은 노래를 진짜 잘 불러.
뒤에 명사를 취하지 않음 **very** + 형용사 또는 부사	**This koala is very cute.** 이 코알라는 매우 귀엽다. **They sing very well.** 그들은 노래를 매우 잘 부른다.
뒤에 명사를 취함 **such** + 형용사 + 명사	**This is such a cute koala.** 이것은 아주 귀여운 코알라입니다. **They are such good singers.** 그들은 노래를 아주 잘하는 가수입니다.

1 명사

2 동사

3 조동사

4 형용사

5 부사

6 전치사·접속사

5-9 대략

around / about / approximately 차이

정확 ↑

approximately
거의 (정확히), 대략

about
대략, ~쯤

around
대략 ~정도

대강

'대략'이라는 의미를 지닌 around, about, approximately는 얼마나 정확한지로 구분할 수 있으며, 이에 따른 의미 전달도 달라집니다. 여기에서는 시간 표현을 예로 들어 세 단어 사이의 미묘한 의미의 차이에 대해 알아봅니다.

I eat lunch at approximately 12:00.
나는 거의 12시에 점심을 먹는다.

학술 논문이나 연설, 프레젠테이션 등의 형식적이고 공식적인 자리에서 근사치를 언급할 때 주로 쓰입니다.

I eat lunch at about 12:00.
나는 12시쯤 점심을 먹는다.

'대략'을 뜻하는 가장 일반적인 표현으로, 일상 대화에서 종종 쓰입니다.

I eat lunch around 12:00.
나는 대략 12시쯤 점심을 먹는다.

around는 수치에 약간의 폭이 있어 그 시간의 '전후'를 의미하므로 정확도는 중시하지 않습니다.

around는 부사가 전치사화되므로 위의 문장처럼 at을 생략할 수 있습니다. 반면에 about과 approximately는 부사 그대로이므로 시각을 나타낼 때는 전치사 at을 앞에 두어야 합니다.

최근에

recently/lately/ nowadays 차이

이미지

recently

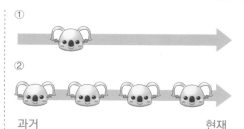

① 과거 어느 시점의 일회적인 사건을 나타낸다.
② 과거부터 현재까지 지속적이거나 반복되는 사건을 나타낸다.

과거　　　　　　　　　　현재

lately

과거부터 현재까지 지속적이거나 반복되는 사건을 나타낸다.

과거　　　　　　　　　　현재

nowadays

과거와 비교한 최근의 사건·상황을 나타낸다.

과거　　　　　　　　　　현재

여기에서는 '최근에', '요즘에'로 해석되는 recently, lately, nowadays의 미묘한 의미의 차이를 알아봅니다. 각 단어가 어떤 시제와 어울리는지도 함께 확인합니다.

문법	예문
주로 **과거형** 문장에 쓰임	**I only recently graduated from university.** 나는 최근에서야 대학을 졸업했다.
주로 **완료형** 문장에 쓰임	**We have had a lot of rain recently.** 요즘 계속 비가 오고 있다.
주로 **완료형** 문장에 쓰임	**We have had a lot of rain lately.** 요즘 계속 비가 오고 있다.
주로 **현재형** 문장에 쓰임	**Nowadays a lot of people travel abroad.** 요즘은 많은 사람들이 해외로 여행을 간다.

비슷한 부사

sometime/some time/ sometimes 차이

	동의어
sometime 언젠가 (미래)	≒ someday
some time 얼마 동안, 꽤 오랜 시간 (기간)	≒ a while
sometimes 가끔, 때때로 (빈도)	≒ occasionally

sometime, some time, sometimes는 형태는 비슷하나 의미가 전혀 다르므로 주의를 해야 합니다. 각각 다른 단어나 어구로 바꿔 표현할 수도 있습니다. sometime과 sometimes는 부사, some time은 명사입니다.

1 명사

2 동사

3 조동사

4 형용사

5 부사

6 전치사·접속사

예문

I'm going to Sydney sometime next year.
나는 내년쯤 시드니에 갈 예정이다.

Let's get together sometime soon.
조만간 언제 만나자.

I've been living in Seoul for some time now.
나는 얼마 전부터 서울에 살고 있다.

I need to find some time to study English.
나는 영어 공부할 시간을 잠시 내야 한다.

I sometimes climb a tree.
나는 때때로 나무에 올라간다.

The kangaroo really drives me crazy sometimes.
캥거루는 가끔 정말로 나를 미치게 한다.

sometimes에 대해서는 172쪽을 참고하세요.

193

5-12 여러 대상

both / either / neither 차이

대상이 두 개일 때

모두 O	**both A and B** A와 B 둘 다	 **Both the koala and the kangaroo are in the park.** 코알라와 캥거루가 둘 다 공원에 있다.
하나만 O	**either A or B** A와 B 중 하나	 **Either the koala or the kangaroo is in the park.** 코알라와 캥거루 중 한 마리가 공원에 있다.
모두 ×	**neither A nor B** A도 B도 아닌	**Neither the koala nor the kangaroo is in the park.** 코알라도 캥거루도 모두 공원에 없다.

여러 대상에 대해 '모두', '하나만', '모두 ~이 아닌'이라고 나타낼 때 사용할 수 있는
유용한 표현을 소개합니다. 아래 정리된 표를 참고합니다.

대상이 세 개 이상일 때

1 명사
2 동사
3 조동사
4 형용사
5 부사
6 전치사·접속사

all (of) A
모든 A

All (of the) koalas are in the park.
모든 코알라들이 공원에 있다.

one of A
A 중 하나

One of the koalas is in the park.
코알라들 중 한 마리가 공원에 있다.

none of A
A 중 아무(것)도 ~않다

None of the koalas are in the park.
코알라들 중 아무도 공원에 있지 않다.

특히 neither A nor B와 none of A에 주의해야 합니다. 두 표현 모두 not이 들어 있지 않은데
각각 nor(부정을 나타내는 접속사)와 none(부정을 나타내는 대명사)으로 인해 부정문이 됩니다.
neither는 미국에서 [níːðə(r)], 영국에서 [náiðə(r)]로 발음됩니다.

only 위치에 따라 의미가 달라지는 영어 문장

only는 '오직~만', '오로지', '단지'라는 뜻으로, 문장의 다양한
위치에 들어갈 수 있습니다. only는 바로 뒤에 위치하는 말과
관련이 있으므로 위치에 따라서 문장의 의미가 달라집니다.

Only the kangaroo told me that she loved me.
오직 캥거루만 나에게 사랑한다고 말했다.

The only kangaroo told me that she loved me.
유일한 캥거루가 나에게 사랑한다고 말했다.

The kangaroo only told me that she loved me.
캥거루는 나에게 사랑한다고 말했을 뿐이었다.

The kangaroo told only me that she loved me.
캥거루는 나에게만 사랑한다고 말했다.

The kangaroo told me only that she loved me.
캥거루는 나에게 사랑한다고만 말했다.

The kangaroo told me that only she loved me.
캥거루는 그녀만이 나를 사랑한다고 말했다.

The kangaroo told me that she only loved me.
캥거루는 나를 사랑할 뿐이라고 말했다.

The kangaroo told me that she loved only me.
캥거루는 나만 사랑한다고 말했다.

외국인이 어려워하는 우리말 표현

우리말을 공부하는 외국인에게 특히 어려운 표현 몇 가지를 소개합니다. 우리말로는 같은 표현이라도 영어에서는 완전히 다른 의미로 사용되므로 우리말을 공부 중인 외국인이 당황해하는 경우도 많은 듯합니다.

괜찮아.

괜찮아. = It's OK.
괜찮아. = I'm good.
괜찮아. = That's fine.
괜찮아. = I'm all right.
괜찮아. = No problem.
괜찮아. = Don't worry.
괜찮아. = No thank you.

전혀 안 괜찮지 않아.

수고하세요.

수고하세요. = Have a nice day.
수고하세요. = See you.
수고하셨습니다. = Good job.
수고가 많으십니다. = You made it.
수고가 많으십니다. = Hello.
수고가 많으십니다. = How are you?
수고하십시요. = Thank you.

공부하시는 분들 모두
수고가 많으십니다.

대박!

대박! = Cool!
대박! = Terrible!
대박! = Too bad!
대박! = Beautiful!
대박! = Awesome!
대박! = Dangerous!

이거 진짜 대박이다!

제 **6** 장

전치사·
접속사

마지막 장에서는 전치사와 접속사를 배웁니다. 전치사는 명사나 대명사 앞에 위치하여 명사가 문장 안에서 어떤 작용을 하는지 그리고 다른 표현과 어떤 관계가 있는지를 나타냅니다. 접속사는 단어와 단어, 문장과 문장을 연결해 주는 접착제 같은 역할을 합니다. 특히 전치사는 사전적인 의미를 암기하는 것보다 각 전치사의 이미지를 파악하는 것이 매우 중요합니다. 200~205쪽의 일러스트를 통해 각 전치사의 의미를 확실히 이해할 수 있을 것입니다. 그러면 끝까지 코아탄과 함께 열심히 공부하도록 합니다.

전치사 이미지 ①

in / inside

공간의 안

The koala is in/inside **the box.**

코알라는 상자 안에 있다.

on

접촉

The koala is on **the box.**

코알라는 상자 위에 있다.

at

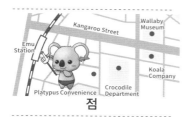

점

The koala is at **the station.**

코알라는 역에 있다.

opposite

반대

The koala is opposite **the kangaroo.**

코알라는 캥거루의 반대편에 있다.

in은 장소·계절·기간 등 넓은 범위 안에 있는 것을 나타내고, inside는 경계선으로 뚜렷하게 둘러싸인 것의 내부를 나타냅니다.

near

근처

The koala is near the box.
코알라는 상자 가까이에 있다.

next to / by / beside

근접

The koala is next to/by/ beside the box.
코알라는 상자 옆에 있다.

around

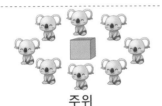

주위

Several koalas are around the box.
몇 마리의 코알라들이 상자 주위에 있다.

against

기댐, 바짝 붙음

The koala is sitting against the box.
코알라는 상자에 기대어 앉아 있다.

near는 far(멀리)의 반대말로서 '가까이', next to는 '바로 옆에', by는 방향을 한정하지 않는 '~옆에', beside는 '옆, 측면(좌우)'을 뜻하는 '~옆에'를 나타냅니다.

1 명사
2 동사
3 조동사
4 형용사
5 부사
6 전치사·접속사

전치사 이미지 ②

among

(여럿) 가운데에

The koala is among some boxes.

코알라는 여러 개의 상자 가운데에 있다.

between

(둘) 사이에

The koala is between two boxes.

코알라는 두 상자 사이에 있다.

over

위에, 너머

The kangaroo jumped over the box.

캥거루는 상자를 뛰어넘었다.

under

(완전히/정확히) 아래에

The koala is under the box.

코알라는 상자 아래에 있다.

over와 above는 의미가 거의 같지만, over는 좀 더 '넓은 공간이 있는 위'를 나타냅니다. 예를 들어, 비행기가 머리 위에서 날고 있을 때는 over를 씁니다. over에는 '~너머에'라는 의미도 있지만 above는 위아래 관계에만 중점을 둡니다.

in front of

앞에

The koala is in front of the box.
코알라는 상자 앞에 있다.

behind

뒤에

The koala is behind the box.
코알라는 상자 뒤에 있다.

above

위에

The koala is above the box.
코알라는 상자 위에 있다.

below

아래에

The koala is below the box.
코알라는 상자 아래에 있다.

under는 '~아래에'를 뜻하는 가장 일반적인 표현으로, 위의 사물과 접촉하거나 떨어져 있어도 쓸 수 있습니다. below는 주로 '간격이 떨어진 아래에'를 나타냅니다. 예를 들어, 빌딩의 위층에서 지하를 가리키거나 산꼭대기에서 골짜기 바닥을 가리키는 등 큰 규모의 아래를 나타냅니다.

1 명사
2 동사
3 조동사
4 형용사
5 부사
6 전치사·접속사

전치사 이미지 ③

into

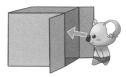

~안으로

The koala went into **the box.**

코알라는 상자 안으로 들어갔다.

out of

안에서 밖으로

The koala went out of **the box.**

코알라는 상자 밖으로 나갔다.

onto

~위로, ~위에

The kangaroo jumped onto **the box.**

캥거루는 상자 위로 뛰어올랐다.

off

~에서 떨어져

The kangaroo jumped off **the box.**

캥거루는 상자에서 뛰어내렸다.

toward

~쪽으로, 향하여

The koala walked toward the box.

코알라는 상자 쪽으로 걸어갔다.

away from

떨어져서, 멀어져서

The koala walked away from the box.

코알라는 상자로부터 멀어져 갔다.

up

위로

The kangaroo went up the stairs.

캥거루는 계단을 올라갔다.

down

아래로

The kangaroo went down the stairs.

캥거루는 계단을 내려갔다.

1 명사

2 동사

3 조동사

4 형용사

5 부사

6 전치사·접속사

시간·장소를 나타내는
at/on/in 차이

좁음

at

on

in

넓음

at, on, in은 영어의 대표적인 전치사로, 우리말로는 모두 '~에'라고 해석하지만 시간, 장소, 대상 등 문장에 따라 다양한 의미를 지닙니다. 세 개의 전치사가 시간, 장소를 나타낼 때 at<on<in의 순서로, 가리키는 대상의 크기나 범위에 차이가 있습니다.

시간	장소

시각

at 1 a.m.
at 2 o'clock
at 3 p.m.

(시계로 나타낼 수 있음)

주소 · 특정 장소

at 123 Myeongdong
at the restaurant
at the shop

(점)

날짜 · 요일 · 주말

on July 1st
on Monday
on the weekend

(달력에 쓸 수 있음)

길, 거리

on Garosu Street
on Fifth Avenue
on the corner

(선)

월 · 연도 · 세기

in May
in 2022
in the 1900s

(연간 스케줄·연표)

도시 · 주 · 나라

in Perth
in Queensland
in Australia

(면)

1 명사
2 동사
3 조동사
4 형용사
5 부사
6 전치사·접속사

탈것으로 구분하는 on/in 차이

on을 사용하는 탈것

① 안에 서 있거나 움직이며 이동 가능함

② 표를 사서 이용함 (대중교통 이용 시)

③ 위에 올라타거나 서서히 이동 가능함

---

plane

train

bus

bike

I'm on the plane.

나는 비행기에 타고 있다.

'특정 탈것'을 타고 있다고 말할 때 전치사 on을 사용할 수 있지만 in이 더 적합한 때가 있습니다. 원어민은 탈것에 따라 전치사를 구분하여 사용하기 때문입니다. 이제 그 규칙을 살펴봅니다.

1 명사

2 동사

3 조동사

4 형용사

5 부사

6 전치사·접속사

in을 사용하는 탈것

① 안에 앉아서만 가야 함
② 시간표가 존재하지 않음
③ 행선지가 자유롭게 결정됨

car

truck

taxi

helicopter

I'm in the car.

나는 자동차에 타고 있다.

~에, ~으로

to / for 차이

to
방향＋도착
(도달한 것까지를 나타냄)

The kangaroo went to NYC.
캥거루는 뉴욕에 갔다.
(도착했음을 나타냄)

The koala applied to the company.
코알라는 그 회사에 지원했다.
(지원하려면 반드시 그 회사에 도착해야 함)

to와 for는 각각 다양한 의미를 지니고 있습니다. 여기에서는 '~에', '~으로'와 같이 방향이나 대상을 나타내는 의미로 좁혀서 두 전치사를 구분하여 사용할 수 있는 방법에 대해 배워 봅니다. 평소에 제대로 알지 못하고 혼동하거나 잘못 사용하고 있던 분도 아래 일러스트를 통해 명확하게 구분할 수 있을 것입니다.

for
방향만
(도달 여부는 불분명함)

1 명사

2 동사

3 조동사

4 형용사

5 부사

6 전치사·접속사

The kangaroo left for NYC.

캥거루는 뉴욕으로 떠났다.
(도착 여부는 불분명함)

The koala applied for the job.

코알라는 그 일자리에 지원했다.
(그 일자리를 얻을 수 있는지는 불분명함)

6-7 ~로

by / with 차이

by + 명사

---

① 수단과 사용
(교통수단, 소통 수단 등)

**I go to school by
bus.**

나는 버스로 학교에 간다.

---

② 동명사와 사용

**I learned English by
watching cartoons.**

나는 애니메이션을 보면서 영어를 배웠다.

by와 with를 구분해서 사용하는 방법을 소개합니다. 형태의 차이로는 뒤따르는 명사의 관사(a(an)/the) 유무가 있습니다. 특히 「by + 탈것」은 자주 사용되므로 꼭 기억해 둡니다.

with + 관사 + 명사

① 도구와 사용
  (자신의 의지로 조종할 수 있는 것)

I cut this apple with **a knife.**

나는 칼로 이 사과를 잘랐다.

② 신체 일부와 사용

She pointed to it with **her finger.**

그녀는 손가락으로 그것을 가리켰다.

② 문장에는 관사가 붙지 않는데, 그 이유는 소유 한정사 her가 있기 때문입니다. 소유 한정사(my, your, his, her 등)와 관사(a, an, the)는 함께 쓸 수 없음을 기억해 둡니다.

1 명사
2 동사
3 조동사
4 형용사
5 부사
6 전치사·접속사

by/until 차이

by
늦어도 ~까지
(기한)

기한

I have to finish this report by Friday.
나는 금요일까지 이 보고서를 끝내야 한다.

by는 상태나 동작이 어느 시점까지 완료되어야 함을 나타낼 때 씁니다. 기한 이내에 동작이 완료
되어도 상관없다는 의미를 내포합니다. 그러므로 위의 문장은 보고서를 금요일까지 마무리만 지으
면 된다는 것을 의미합니다.

우리말로 '~까지'로 해석되는 by와 until을 구분해서 사용하는 방법을 소개합니다. by와 until은 시작 시점부터 주어진 시점까지 지속적으로 하는지 또는 한 번만 하는지에 따라 구분하여 기억해 둡니다.

until

~까지 쭉
(계속)

오늘   금요일

We'll stay in this hotel until Friday.

우리는 금요일까지 계속 이 호텔에 머무를 것이다.

until은 상태나 동작이 특정 기한 동안 지속되거나 계속됨을 나타낼 때 씁니다. 그러므로 위의 문장은 체크인을 한 날부터 금요일까지 계속 호텔에 머무르는 것을 의미합니다. till은 until과 동의어로, 격식을 차리지 않고 일상적으로 많이 쓰이는 전치사입니다.

1 명사

2 동사

3 조동사

4 형용사

5 부사

6 전치사·접속사

between/among 차이

between
둘 사이에

- -

- -

The train will run between Sydney and Brisbane.
기차는 시드니와 브리즈번 사이를 운행할 것이다.

between은 명확히 구분된 둘 이상의 사람이나 사물 '사이에' 있음을 나타내며, between 뒤에는
and로 연결된 두 개의 명사가 옵니다.

between과 among은 둘 다 '~사이에'로 해석되지만, 실제 의미는 크게 다릅니다. 아래 일러스트와 예문을 통해 두 전치사의 미묘한 의미의 차이를 명확하게 구분합니다.

among

셋 이상 사이에

He is a popular koala among the teenagers.

그는 십대들 사이에서 인기 있는 코알라이다.

among은 명확히 구분되지 않은 셋 이상의 다수나 집단 '사이에/중에' 있음을 나타내며, among 뒤에는 복수 명사가 옵니다.

6-10 ~동안에

during / while 차이

during + 명사
(전치사)

I fell asleep during the train ride.

나는 전철에 타고 있는 동안에 잠이 들었다.

I had a stomachache during the meeting.

나는 회의 중에 배가 아팠다.

우리말로 '~동안에'로 해석되는 during과 while은 품사가 서로 다릅니다. 품사가 다르면 문장의 구조가 달라집니다. 아래 예문을 읽고 각 단어 뒤에 오는 것이 무엇인지를 파악해 봅니다.

while + 문장

(접속사)

1 명사

2 동사

3 조동사

4 형용사

5 부사

6 전치사·접속사

I fell asleep while I was on the train.

나는 전철에 타고 있는 동안에 잠이 들었다.

I had a stomachache while I was in the meeting.

나는 회의에 참석한 동안에 배가 아팠다.

in time / on time 차이

in time

시간 내에
(기한 이전에)

기한

The kangaroo arrived in time.

캥거루는 늦지 않게 도착했다.

just in time은 '겨우 시간에 맞춰'라는 뜻입니다.

in time과 on time은 단어 하나가 다를 뿐인데 의미는 많이 다릅니다. in은 '안', on은 '접촉'의 이미지로 파악합니다(200쪽 참고). 시간은 눈에 보이지 않는 개념이지만 아래 일러스트를 참고하여 파악하면 이해하기 쉽습니다.

1 명사

2 동사

3 조동사

4 형용사

5 부사

6 전치사·접속사

on time
시간대로
(딱 그 시간에)

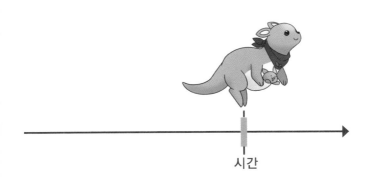

시간

The kangaroo arrived on time.

캥거루는 제시간에 도착했다.

right on time은 '딱 정각에', '정확히 제시간에'라는 뜻입니다.

6-12 ~의 앞에

in front of/
in the front of 차이

in front of
~의 앞에

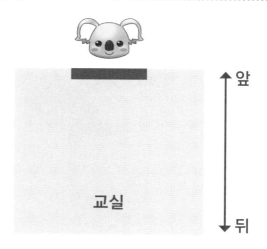

The koala is in front of the classroom.

코알라는 교실 앞에 있다.

교실 안이 아닌 교실 밖의 앞쪽을 나타냅니다. in front of는 어떤 대상의 조금 떨어진 앞쪽 또는 넓은 공간의 앞쪽 영역을 나타냅니다.

in front of는 일반적인 전치사 표현으로 자주 사용됩니다. 여기에 in the front of로 한 단어만 더해도 의미가 달라집니다. 아래 일러스트와 예문을 통해 두 표현이 나타내는 위치의 차이를 알아봅니다.

1 명사

2 동사

3 조동사

4 형용사

5 부사

6 전치사·접속사

in the front of
~의 앞부분에

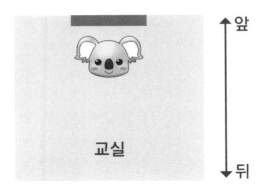

The koala is in the front of the classroom.

코알라는 교실 앞쪽에 있다.

교실 안의 앞쪽 부분을 나타냅니다.

6-13 ~하는 한

as far as / as long as 차이

as far as
~에 관한 한
(범위)

As far as **I know, the kangaroo is still missing.**

내가 아는 한 캥거루는 아직 행방불명 상태이다.

The koala was surrounded by eucalyptus as far as **the eye could see.**

눈에 보이는 범위에서 코알라는 유칼립투스에 둘러싸여 있었다.

as far as I know는 '내가 아는 한'이라는 뜻의 표현으로 종종 쓰입니다.

사전을 찾아 보면 두 표현 모두 '~하는 한'의 뜻으로 나와 있고, as ~ as의 형태도 같아 구분이 잘 되지 않습니다. 하지만 명확한 의미와 쓰임의 차이가 있으므로 아래 예문을 통해 잘 파악해 둡니다.

1 명사

2 동사

3 조동사

4 형용사

5 부사

6 전치사·접속사

as long as
~하기만 한하면
(조건)

The koala can pass the test as long as he studies.

공부만 하면 그 코알라는 시험에 합격할 수 있다.

I'm happy as long as the koala's happy.

그 코알라가 행복하다면 나는 행복하다.

at the end / in the end 차이

at the end

(~의) 마지막에, 끝에

I have to pay rent at the end of the month.

나는 월말에 집세를 내야 한다.

There's the shop at the end of this street.

이 길 끝에 가게가 있다.

at the end of the day는 하루가 끝나는 것에 비유하여 '결국, 궁극적으로'라는 뜻이 됩니다.

the end 앞에 at이나 in이 위치할 수 있지만 의미가 달라지므로 주의해야 합니다. end는 모음으로 시작되는 단어이므로 the는 '더[ðə]'가 아니라 '디[ði]'에 가깝게 발음 합니다.

1 명사
2 동사

in the end
드디어, 결국에는
(최종 결말을 강조)

3 조동사
4 형용사

I worked hard, and it paid off in the end.

나는 열심히 일했고, 그 결과 잘 됐다.

5 부사

I thought about dropping out of the race, but I finished in the end.

나는 경주를 도중에 포기하려고 생각했지만, 결국 완주했다.

6 전치사·접속사

주로 finally나 eventually와 비슷한 뜻으로 쓰입니다.

to me / for me 차이

to me

(일반적인 입장·의견으로서)

나에게

Eating is important to me.

식사는 나에게 중요하다.

'(사람)에게'는 「to+사람」 또는 「for+사람」 형태로 나타낼 수 있는데, '사람' 자리에는 me, us 등의 목적격이나 Tommy 등의 이름이 들어갑니다. to와 for의 차이를 구분할 수 있으면 원어민의 감각에 한 걸음 더 다가갈 수 있습니다.

for me
(목적·목표 달성을 위한 관점에서)
나에게

Eating is important for me to keep my weight.

식사는 내 체중을 유지하기 위해 중요하다.

위 문장에서는 for me 뒤에 to keep my weight라는 목적이 나와 있지만 목적이 생략될 때도 있습니다. for me 뒤에 아무것도 없다면 목적이 생략되어 있다고 생각하면 이해하기 쉽습니다.

1 명사
2 동사
3 조동사
4 형용사
5 부사
6 전치사·접속사

be made of /
be made into /
be made from 차이

제품

be made of

① 주어: 제품

② 전치사의 목적어: 재료(눈으로 보면 알 수 있음)

be made into

① 주어: 재료 또는 원료

② 전치사의 목적어: 제품

be made from

① 주어: 제품

② 전치사의 목적어: 원료(눈으로 보아도 알 수 없음)

be made of, be made into, be made from은 각각 기본 단어로 구성되어 있지만 구분하기 어려운 표현입니다. 차이점이 정리된 아래 일러스트를 통해 각 표현의 뉘앙스를 확실히 알아 둡니다.

The desk is made of **wood.**
책상은 나무로 만들어진다.

Wood is made into **paper.**
종이는 나무로 만들어진다.

Paper is made from **wood.**
종이는 나무로 만들어진다.

재료

원료

1 명사

2 동사

3 조동사

4 형용사

5 부사

6 전치사·접속사

~이기 때문에

원인·이유를 나타내는 접속사

상대방이 이유를 알고 있을 때

일상적으로 쓰이는 표현

since

Since it's raining, let's go home.

비가 오니까 집에 가자.

딱딱한 표현

as

As a big typhoon is coming, the class was canceled.

거대한 태풍이 다가오고 있기 때문에 수업이 취소되었다.

원인·이유를 나타내는 접속사인 because, as, for, since는 모두 우리말로 '~이기 때문에'로 해석되지만 각각의 의미와 용법이 달라 알기 쉽게 표로 정리했습니다. 일상 대화에서 상대방이 Why?라고 물으면 상대방은 이유를 알고 싶어서 묻는 것이므로 Because로 대답하는 것이 좋습니다.

상대방이 이유를 모를 때

because

I took a day off yesterday because **I had a headache.**
나는 두통이 있어서 어제 쉬었다.

for

Never give up, for **tomorrow is another day.**
절대 포기하지 마, 내일은 또 다른 날이니까.

1 명사

2 동사

3 조동사

4 형용사

5 부사

6 전치사·접속사

6-18 하지만

역접을 나타내는 접속사

		정중함의 정도
but		캐주얼함
although		격식을 갖춤
however		격식을 갖춤

역접이라고 하면 어렵게 생각할 수 있지만, 쉽게 말해서 '그러나'라고 말하고 싶을 때 사용하는 표현입니다. 특히 but은 일상 대화나 휴대 전화로 대화할 때 자주 사용됩니다. however를 부사로 분류하는 사전도 있지만 접속사처럼 사용할 수 있으므로 여기에서 소개하겠습니다.

어순	예문
문장의 중간 부분에 위치	**It's sunny today, but it's too cold to swim.** 오늘은 날씨가 맑지만 수영하기에는 너무 추워. **I like bananas, but I don't like apples.** 나는 바나나를 좋아하지만 사과는 안 좋아해.
문장의 맨 앞, 중간 부분에 위치	**Although it's sunny today, it's too cold to swim.** 오늘은 날씨가 맑지만 수영하기에는 너무 춥습니다. **I don't like apples although I like bananas.** 저는 바나나를 좋아하지만 사과는 좋아하지 않습니다.
문장의 맨 앞, 중간 부분, 끝부분에 위치	**It's sunny today. However, it's too cold to swim.** 오늘은 날씨가 맑습니다. 하지만 수영하기에는 너무 춥습니다. **I like bananas; however, I don't like apples.** 저는 바나나를 좋아하지만 사과는 좋아하지 않습니다.

however가 역접의 의미일 때는 접속사가 아니라 부사(접속 부사)로 쓰입니다.

길 안내 상황에서 사용할 수 있는 영어 표현

go straight ahead
직진하다

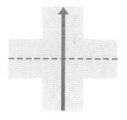

cross
건너다

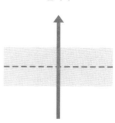

take the second left
두 번째 길에서 왼쪽으로 돌다

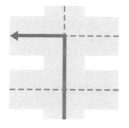

take the second right
두 번째 길에서 오른쪽으로 돌다

on the left
왼쪽으로

on the right
오른쪽으로

turn left
왼쪽으로 돌다

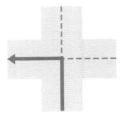

turn right
오른쪽으로 돌다

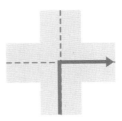

turn left onto Koala Street
코알라 거리로 좌회전하다

go to the end
막다른 곳까지 가다

at the corner of
~의 모퉁이에

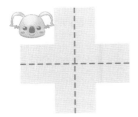

opposite
반대쪽의

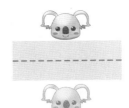

go along
~을 따라가다

go past
~을 지나가다

between
~사이에

next to
~옆에

go over
~을 건너가다

go under
~의 밑으로 빠져나가다

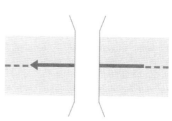

Could you please tell me how to get to the Koala Hotel?

코알라 호텔로 가는 길을 알려 주시겠습니까?

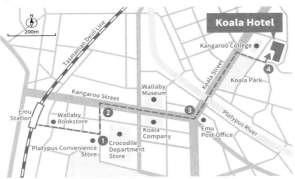

1 Coming out from Emu Station, go straight and turn left at the 5th corner.

에뮤 역을 나와 쭉 직진하다가 5번째 모퉁이에서 왼쪽으로 도세요.

2 Keep going to the end of the street.
Then turn right onto Kangaroo Street.

길 끝까지 계속 가세요. 그런 다음 캥거루 거리에서 오른쪽으로 도세요.

3 Go past Wallaby Museum until you reach Emu Post Office at the corner. Then continue left onto Koala Street.

모퉁이에 있는 에뮤 우체국에 도착할 때까지 왈라비 박물관을 지나 가세요. 그런 다음 코알라 거리에서 왼쪽으로 계속 가세요.

4 Go past Koala Park, and turn right when you reach Kangaroo College. It's on the left, across from Kangaroo College.

코알라 공원을 지나 캥거루 대학교에 도착하면 오른쪽으로 도세요.
캥거루 대학교 건너편 왼쪽에 있습니다.

한눈에 파악하는 단위 표현

oz.(온스)	**28**을 곱한다	**g**(그램)
lb.(파운드)	**0.45**를 곱한다	**kg**(킬로그램)
in.(인치)	**2.54**를 곱한다	**cm**(센티미터)
ft.(피트)	**0.3**을 곱한다	**m**(미터)
mi.(마일)	**1.6**을 곱한다	**km**(킬로미터)
sq. ft.(스퀘어 피트)	**0.09**를 곱한다	**m²**(제곱미터)
sq. ft.(스퀘어 피트)	**0.028**을 곱한다	평
ac.(에이커)	**0.4**를 곱한다	**ha.**(헥타르)
gal.(갤런)	**0.38**을 곱한다	**ℓ**(리터)
qt.(쿼트)	**0.9**를 곱한다	**ℓ**(리터)
pt.(파인트)	**0.5**를 곱한다	**ℓ**(리터)
oz.(온스)	**30**을 곱한다	**mℓ**(밀리리터)
°F(화씨)	**30**을 빼서 **2**로 나눈다	**°C**(섭씨)

간단하게 계산하기 위한 어림셈입니다.

여러 가지 숫자 세는 방법

2:3
two to three

1.2
one point two

0.34
zero point
three four

$\frac{1}{2}$
a/one half

$\frac{2}{3}$
two thirds

$3\frac{4}{5}$
three and four fifths

3^2
three squared

4^3
four cubed

5^4
five to the
power of four

23%
twenty-three
percent

45℃
forty-five
degrees Celsius

1993
nineteen
ninety-three
• 연도를 나타낸다.

접두사로 배우는 숫자 세는 방법

1,000,000,000,000,000

↑ **quadrillion** (천조)
↑ **trillion** (조)
↑ **billion** (십억)
↑ **million** (백만)
↑ **thousand** (천)

---

milli는 1,000을 나타내는 접두사

millimeter는 1m의 1,000분의 1이야. '1,000×thousand'여서 '백만'이야.

bi는 2를 나타내는 접두사

bicycle은 바퀴가 두 개지. '1,000의 제곱× thousand'여서 '십억'이야.

---

tri는 3을 나타내는 접두사

triangle은 삼각형이지. '1,000의 3제곱× thousand'여서 '조'야.

quadr는 4를 나타내는 접두사

quadruped는 네발짐승이야. '1,000의 4제 곱×thousand'여서 '천조'야.

'X시 Y분 전/후'를 나타내는 표현

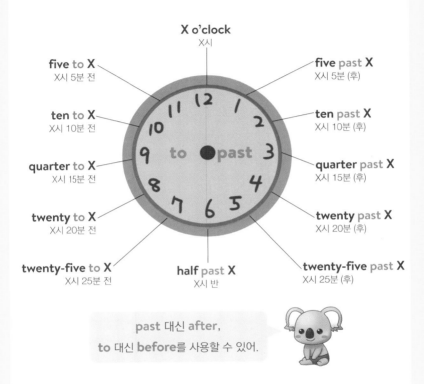

past 대신 after,
to 대신 before를 사용할 수 있어.

1:05 - It's five past one.
1:10 - It's ten past one.
1:15 - It's quarter past one.
1:20 - It's twenty past one.
1:25 - It's twenty-five past one.
1:30 - It's half past one.

1:35 - It's twenty-five to two.
1:40 - It's twenty to two.
1:45 - It's quarter to two.
1:50 - It's ten to two.
1:55 - It's five to two.
2:00 - It's two o'clock.

여러 가지 감정·상태를 나타내는 단어

calm
차분한

happy
행복한

nervous
긴장한

annoyed
짜증이 난

surprised
놀란

ashamed
부끄러운

sleepy
졸린

sick
아픈, 몸 상태가 안 좋은

confused
혼란스러워 하는

relaxed
편안한

angry
화가 난

shy
부끄럼 타는

sad
슬픈

silly
어리석은

hurt
기분 상한, 상처받은

hungry
배가 고픈

가족·친척을 나타내는 단어

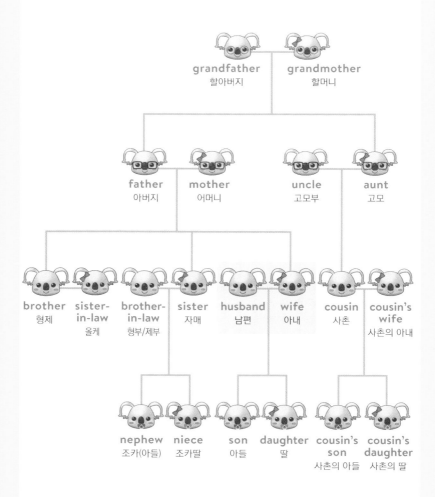

grandfather
할아버지

grandmother
할머니

father
아버지

mother
어머니

uncle
고모부

aunt
고모

brother
형제

sister-in-law
올케

brother-in-law
형부/제부

sister
자매

husband
남편

wife
아내

cousin
사촌

cousin's wife
사촌의 아내

nephew
조카(아들)

niece
조카딸

son
아들

daughter
딸

cousin's son
사촌의 아들

cousin's daughter
사촌의 딸

파란색으로 표시된 wife를 기준으로 한 가계도입니다.

친구 사이에 자주 사용하는 영어 줄임말

lol
laugh out loud
크게 소리 내어 웃다

lmao
laugh my ass off
엉덩이 빠지게 웃다

rofl
roll on floor laughing
웃겨서 바닥에 구르다

asap
as soon as possible
가능한 한 빨리

omg
Oh, my God!
이럴 수가!

btw
by the way
그런데 말이야

hand
Have a nice day!
좋은 하루 보내!

thx
Thanks
고마워!

imo
in my opinion
내 생각에는

idk
I don't know.
몰라.

ltns
Long time, no see!
오랜만이야!

bff
best friends forever
영원한 친구

brb
Be right back.
금방 돌아올게.

bbl
Be back later.
나중에 돌아올게.

hru
How are you?
잘 지내지?

omw
on my way
지금 가고 있어.

기억해 두면 좋은 영어 어원

접두사(어근보다 앞에 오는 부분)

con-
함께
connect 연결하다
conversation 대화

dis-
부정
disagree 동의하지 않다
disapprove 반대하다

ex-
밖으로
exit 출구, 퇴장, 퇴장하다
export 수출하다, 수출(품)

in-
안으로
install 설치하다
income 수입, 소득

in-(im-)
부정
independent 독립한,
독자적인
impossible 불가능한

inter-
사이에
international 국제적인
interact 상호 작용하다

pre-
시간상 미리, 전에
prevent 막다, 방지하다
predict 예측하다, 전망하다

pro-
공간상 앞에
propose 제안하다
progress 진전, 진보, 전진,
앞으로 나아가다

re-
다시
return 돌아오다, 되돌아가다
reform 개혁하다, 개혁

sub-(sup-)
아래에
subway 지하철
support 지지하다, 후원하다

trans-
가로질러
transport 수송, 수송하다
translate 번역하다

어근

dic/log
말하다
dictionary 사전
dialogue 대화

duc
이끌다
conduct 수행하다, 지휘하다,
안내하다
education 교육

form
형태, 만들다
conform 따르다, 순응하다
uniform 제복, 유니폼

pos
두다
suppose 가정하다, 추측하다
expose 드러내다, 폭로하다

press
누르다
pressure 압력, 압박
impress 깊은 인상을 주다,
감명을 주다

struct
세우다
construct 건설하다, 구성하다
obstruct 막다, 방해하다

어근 (단어의 근간이 되는 부분)	접미사 (어근보다 뒤에 오는 부분)

어근 (단어의 근간이 되는 부분)

tain
잡다

contain 포함하다
maintain 유지하다

tend
뻗다

extend 연장하다
attend 참석하다, 돌보다

tract
끌다

attract 마음을 끌다,
　　　　매혹하다
distract 산만하게 하다

vers/vert
방향을 바꾸다

reverse 뒤바꾸다, 반대
convert 전환시키다

vis/vid
보다

vision 시력, 시각
evidence 증거

접미사 (어근보다 뒤에 오는 부분)

-able/-ible
~할 수 있는

portable 휴대가 쉬운, 휴대용의
visible 눈에 보이는

-er/-ist
사람

manager 경영자, 관리자, 책임자
scientist 과학자

-ful/-ous
~가 풍부한

useful 유용한
dangerous 위험한

-ism
~주의

humanism 인간(중심)주의
feminism 페미니즘

-logy/-ics
학문·이론

biology 생물학
mathematics 수학

-less
~가 없는

useless 도움이 되지 않는,
　　　　쓸모없는
harmless 해를 끼치지 않는

-ship/-hood
~ 상태

friendship 우정
neighborhood 근처, 이웃

-ion/-ment
명사화

decision 결정, 결심
improvement 개선, 향상

-ic/-ive
형용사화

economic 경제의
effective 효과적인

-ize/-en
동사화

specialize 전문으로 하다
fasten 매다, 잠그다

-ly
부사화

fluently 유창하게
suddenly 갑자기

코알라학교장

'세계 어디에서나 즐겁게 배울 수 있다'를 목표로 누구나 알기 쉽고 재미있게 영어를 배울 수 있도록 일러스트를
Twitter 및 Instagram에 매일 올리고 있다. 어른이 될 때까지 해외 경험도 없어, 영어를 잘 하지 못했기 때문에 영어 학
습자들이 정말 알고 싶어 하는 것을 일러스트를 통하여 알려 주고 있다. 특히 Twitter는 한눈에 내용을 알 수 있는 귀여
운 일러스트와 재미있는 내용들이 많은 인기를 얻어 팔로워 수는 시작부터 약 1년 만에 22만 명이 넘었다.

Twitter / Instagram : @KoalaEnglishl 180

읽지 않아도 이해 쏙쏙!
코알라식 영어 뉘앙스 도감

초판 7쇄 인쇄 2025년 1월 20일
초판 1쇄 발행 2023년 2월 28일

지은이   코알라학교장
펴낸곳   도서출판 THE 북
마케팅   ㈜더북앤컴퍼니
출판등록 2019년 2월 15일 제2019-000021호
주소   서울특별시 영등포구 양평로 12가길 14 310호
전화   02-2069-0116
이메일   thebook-company@naver.com

ISBN   979-11-976185-4-3 (13740)

YOMAZU NI WAKARU KOARA SHIKI EIGO NO NUANCE ZUKAN
©Koala school 2020
First published in Japan in 2020 by KADOKAWA CORPORATION, Tokyo.
Korean translation rights arranged with KADOKAWA CORPORATION, Tokyo through JM
Contents Agency Co.